KB231124

김 영 호 의

유통혁명

김영호의 유통혁명

초판 발행   2017년 02월 22일

지은이   김 영 호
펴낸이   우 명 회
발행처   도서출판 빨간코끼리
출판등록   2016년 10월 14일(제2016-000202호)
주소   경기도 고양시 덕양구 화정로 27
이메일   red-elephant@naver.com
블로그   blog.naver.com/red-elephant
전화번호   (031)969-8532   팩스   (031)969-8531

ISBN   979-11-959983-0-2 13320

(CIP제어번호 : CIP2017003507)

김영호의 유통혁명

김영호 | 지음

과연 이런 경제적 난국을
맞이한 적이 있었는가?
선진도시에서 '각자도생(各自圖生)'
시대의 해법을 찾다

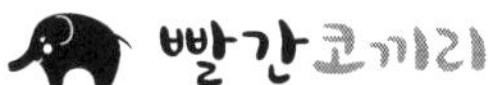

우리는 과연 유사 이래 이런 총체적, 경제적 난국을 맞이한 적이 있었는가? 하지만 실망하기에는 너무 이르다. 선진도시에서 '각자도생(各自圖生)' 시대의 해법을 찾았다!

요즘 경제, 경영인들 가운데 가장 핫(hot)한 화두는 단연코 '제4차 산업혁명'이다. 지난해 인공지능 알파고와 이세돌 9단의 바둑 대결을 본 이후부터 시작된 듯싶다. 그저 미래 공상과학 영화에서나 보았던 소설 같은 일들이 현실로 되면서 IT기술의 발전과 트렌드에 상당한 관심을 갖게 된 것이다. 그만큼 인공지능의 진화속도와 제4차 산업혁명의 물결이 우리네 삶에 미치는 영향이 점점 구체화되고 광범위화 되고 있다.

예를 들어, 미국 아마존이 지난해 12월부터 추진하고 있는 계산대 없는 식료품 매장인 '아마존GO' 프로젝트를 보면, 미래의 소매매장에서 나타날 소비자 구매행태의 변화를 알 수 있다. 소비자는 매장에 들어가 구입하고 싶은 식품을 골라 담고, 자신의 스마트폰 애플리케이션을 이용해 그냥 매장 문을 나서면 된다. 계산하기 위해 긴 줄을 선다거나 결제를 위한 계산원과의 접촉도 필요 없다. 단지 원하는 제품을 손으로 집어서 매장을 나서면 된다. 결제는 자동으로 아마존 고객계좌에서 청구되고, 영수증을 송부해 준다. 그래서 그들은 '저스트 그랩 앤 고!(Just Grab and Go!)'라고 외친다.

또 다른 사례로는 일본의 소프트뱅크의 손정의 회장이 지난해 6월 은퇴 예상을 뒤집고 경영자 지위를 계속 유지하겠다고 선언한 이유다. 그는 "다음 시대의 IT업계에서 '선두에 서고 싶다는 욕심' 때문에 퇴임을 철회했다"고 고백했다. 소프트뱅크의 4차 산업혁명 핵심 아이템 중 하나인 AI 로봇 '페퍼(Pepper)'는 이미 일본 커피 전문점과 은행에서 손님을 안내하는 업무에 주로 투입되고 있다. 사람 목소리와 표정을 인식하고 맞춤형 안내를 제공하기 때문에 앞으로 소매 무인매장에 안내원으로 투입될 날도 멀지 않아 보인다.

이처럼 대면판매가 기본인 오프라인 유통업계에 일대 혁명적인 변혁이 진행되고 있는 중이다. 하지만 우리네 유통산업이 제대로 제4차 산업혁명에서 뒤떨어지지 않고, 선두주자가 되려면 지금부터 동시에 갖추어야 할 21세기형 유통 시스템 구축이 필요하다고 감히 조언을 드리고 싶다. 지금같이 자생력과 활력을 잃은 대한민국 경제와 골목상권에 활기를 불어 넣고, 자생력 있는 경쟁력을 갖추기 위한 독한 행동이 추진되어야 한다.

그래서 이 책은 내가 28년간 전 세계 중 선진국, 선진국 중에서 트렌드가 앞선 선진도시의 길(street)에서, 글로벌 현장에서 발견한 마켓 부활의 해법과 대한민국 유통혁명의 가장 기본이 되는 내용을 보기 쉽도록 10가지로 정리정돈 하여 골목형 상권의 CEO, 경영 분야에서 새로운 트렌드를 알고 싶어 하는 분들에게 필요한 내용으로 구성하였다.

오롯이 선진도시, 앞서가는 유통마케팅 트렌드가 요동치는 현장에서 보고 겪은 내용만을 정리했기 때문에 아주 귀한 고급콘텐츠라 할 수 있다. 대한민국에 나온 트렌드 관련 책 중 책상 위에서 만든 책이 아니라 저자가 20여 년간 직접 선진도시 현장에서 정보를 누적해서 정리해 만든 유일한 온리원(only one) 책이다. 나는 선진도시의 같은 장소 혹은 새로운 장소를 계속 찾아가서 자료를 취한다. 같은 장소를 시간을 달리해서 가는 이유는 시간의 변화와 공간의 변화 그리고 그에 따른 소비자의 변화를 알기 위함이다. 이러한 어느 정도 오랜 시간을 두고 시장조사를 하는 것만이 어느 정도 진실에 가까운 정확한 현장의 목소리를 알 수 있게 된다는 진리를 터득했기 때문이다.

나는 매년 세계 선진도시 마켓서베이(market survey)를 떠난다

사실 28년간 선진도시의 특별한 마케팅 비법을 알아내기 위한 내 나름의 노력은 적지 않아 보인다. 그래도 불황의 그늘이 짙게 그려진 대한민국의 죽어가는 마켓에 활력소를 주기 데 조금이라도 도움을

고 다닌다.

　어렸을 적부터 외국을 돌아다니겠다는 꿈이 있었다. 우리나라 세계여행의 원조 고(故) 김찬삼 교수가 어린이신문에 게재한 세계여행 칼럼을 본 이후 그런 꿈을 갖게 됐다. 우리나라에서 세계 일주를 통해 가장 첫 번째로 유명해진 분이다. 고(故) 김찬삼 교수는 세계 일주를 세 차례나 했다고 한다. 순수 여행시간만 14년에 지구를 32바퀴나 돈 셈이라니, 놀랄 만한 기록이다. 최근엔 세계에서 손꼽히는 오지(奧地)만 골라 돌아다닌 한비야씨도 눈에 띈다.

　하지만 나는 철저하게 선진도시만 돌아다녔다. 그래서 지금까지 28년 동안 선진국 트렌드가 탄생하는 도시 위주로 시장조사를 한 내용 중에서 중소상인이나 골목상권의 자영업자, 나아가 은퇴를 앞둔 베이비부머들과 경력단절의 불안감이 있는 여성 직장인분들에게 도움이 될 만한 내용을 정리해서 칼럼식으로 만들어 쉽게 이해토록 정리했다. 이 책의 내용 대부분은 대한민국 대표 경제주간지인 '더스쿠프' 및 주요 신문, 잡지에 투고했던 칼럼들을 모아 다시 정리정돈해서 독자 분들이 이해하기 쉽도록 만들었다.

　선진도시는 우리와 무엇이 다른지 그리고 그 다른 점으로부터 우리는 무엇을 배우고 무엇을 벤치마킹해야 할 것인지 선진국, 선진도시만이 갖고 있는 특별한 마켓 부활의 해법을 10가지로 정리했기 때문에 이해하기 쉬울 것이다.

　마지막으로, 돈도 많이 벌고 싶고, 떵떵거리며 살고 싶어 하는 대한민국의 모든 청춘들에게 말하고 싶다. 내가 28년간, 세계 여러 나

라 중에서 선진국 도시를 조사한 결과 아래와 같은 결론에 이르게
된다.

  '세상은 참 넓고, 도전해볼 것들이 너무 많다. 사고의 틀과 행동
의 반경을 너무 대한민국에 국한 시키려 마라'

  당신의 인생은 당신이 만들어 간다는 것을 잊지 말기 바란다.

Life is What you make!

2017년 2월

대한민국 경기도 고양시 연구실에서

김영호

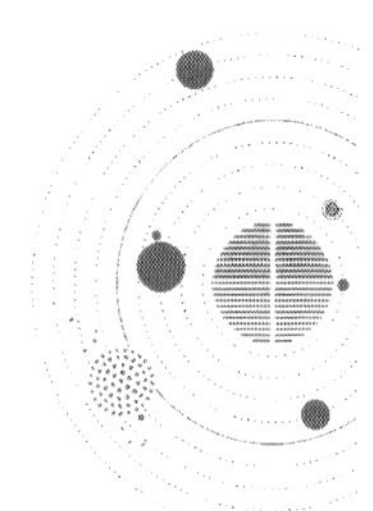

해법 06 가성비를 높여라

해법 07 실패를 성공의 지렛대로 활용하라

프레임을 바꿔라

세상을 바라보는 고정관념을 '프레임'이라 한다. 수년간 자신만의 착각, 오만, 편견으로 세상을 바라보던 사람에게 프레임을 수정하는 것이 말처럼 쉽진 않을 것이다.

하지만 우리가 갖고 있던 마케팅의 고정관념들은 세상의 기업 랭킹을 바꾸고 있다. 그렇게 잘나가던 '모토롤라'나 '코닥'이 변하는 세상에 눈 감고, 귀 닫은 경영을 펼친 결과 참담한 현실을 맞이하지 않았던가! 자신의 세계에 갇힌 사람들이 바라보는 기존 프레임으로는 결단코 새로운 세상을 볼 수 없을 것이다. 선진도시에서 진행되는 새로운 도전은 늘 신선했고, 나로 하여금 새로운 눈으로 세상을 보게끔 만들어 주었다.

당신의 프레임을 바꾸는 도전부터 시작하라!

창조의 씨앗은
'다름'에서부터

갈매기 날개를 응용한 '만도풋루스'는 자전거 개념을 확대했다는 평가를 받고 있다. 이동 수단에 불과했던 자전거를 레포츠 수단으로 바꿔놓은 것이다. 만도풋루스의 소비자가격은 300만 원대이다. 어떤 상품이든 어떻게 생각하느냐에 따라 가치가 달라짐을 만도풋루스가 잘 보여주고 있다.

자전거 이야기를 하려고 한다.

'스트라이다(STRIDA)'라고 불리는 삼각형 모양의 삼발이 같이 생긴 자전거다. 이 요상한 디자인의 자전거는 탄생 배경이 흥미롭다. '스트라이다' 디자인을 만든 주인공은 영국의 마크 샌더스다. 그는 런던 중심가에서 32㎞나 떨어진 곳에서 통학했다. 학생이다 보니 이동수단은 자전거와 지하철이었다. 그는 접이식 자전거를 구입했다. 지하철역에서 자전거를 접고 지하철을 탔다.

자전거 혁명 '스트라이다'

번거로웠다. 툭하면 옷자락에 자전거 체인의 기름이 묻었다. 불편함을 호소하던 마크 샌더스는 본인이 직접 자전거를 디자인하기로 결정했다. 그 결과물이 유모차처럼 접을 수 있는 '스트라이다'이다.

기존의 접는 자전거는 무거울 뿐만 아니라 반만 접히는 형태였기 때문에 새로운 개념이 필요했다. 그는 스스로 여러 가지 모양을 스케치하다가 세 개의 튜브를 삼각형으로 연결한 아주 단순한 디자인을 도출해 낼 수 있었다.

새로운 디자인에서 꼭 필요한 사항으로는 접었을 때, 바퀴를 굴릴 수 있도록 하는 것이었다. 바퀴를 굴릴 수 있기 때문에 들고 다니지 않아도 되는 장점이 있었다. 그는 유모차가 접히는 것을 보고 이 방식에 대한 아이디어를 얻었다. 또 체인이 아닌 고무벨트를 이용해 손에 기름이 묻지 않도록 했다. 고무벨트는 아주 깨끗하고 관리가 편했다. 이런 소재를 쓴 것은 획기적인 발전이었다.

이 자전거는 일본·프랑스·독일·미국에서 불티나게 팔렸다. 하지만 정작 영국에선 반응이 시원치 않았다. 영국 디자인계에선 아예 이단아 취급을 했다. 일반적인 자전거 디자인에서 벗어났다는 이유에서였다.

하지만 스트라이다는 훗날 자전거 디자인의 혁명으로 재평가를 받았다. 특히 정삼각 형태의 몸체를 절반으로 접어 바퀴를 모으면 자전거를 들지 않고도 이동할 수 있다는 점이 업계의 주목을 받았다. 마크 샌더스는 기름이 묻지 않도록 체인 대신 벨트를 이용했다. '세상에서 가장 아름다운 삼각형'이라는 평가가 나오는 이유다.

그런 그가 국내 기업인 '만도'와 손을 잡고 전기자전거 '만도풋루스'를 디자인했다. 새로 출시된 만도풋루스는 체인 없이 내장된 모터로 바퀴가 굴러간다. 어린 시절 바닷가 마을에서 자란 샌더스는 몸에 포개지는 갈매기의 날개에서 영감을 받아 만도풋루스를 디자인했다. 갈매기의 날개 뼈가 접히는 방식으로 자전거를 접은 것이다.

갈매기 날개를 응용한 만도풋루스는 자전거 개념을 확대했다는 평가를 받고 있다. 이동 수단에 불과했던 자전거를 레포츠 수단으로 바꿔놓은 것이다. 만도풋루스의 소비자가격은 300만 원대다. 어떤 상품이든 어떻게 생각하느냐에 따라 가치가 달라짐을 만도풋루스가 잘 보여주고 있다. 전기자전거이므로 초기 구입비용이 들어는 가지만, 타고 다니거나 접어서 갖고 다니면 독특한 디자인 때문인지 다른 사람들의 시선을 한 몸에 받기에 충분하다. 만도풋루스를 타는 분들을 위한 카페인 '카페 풋루스'가 서울 압구정동에 있는 이유가 다 있다.

요즘 최고 화두는 창조경제다. 창조경제를 단순히 말하면 아이디어만 있으면 기업을 만들 수 있고, 그 기업이 성장할 수 있는 환경을 만드는 것이다. 창조산업 육성을 통해 경제성장을 중시한다는 얘기다.

상품개념 넓혀야 창조 보여

창조경제는 새로운 부가가치를 창출하는 혁신과 창의정신이 활성화되도록 경제사회를 구축하는 게 핵심이다. 이런 이유로 디자인산

업도 창조경제의 씨앗을 만들려는 움직임이 일고 있다. '창조디자인'
이다.

창조디자인의 핵심은 간단하다. 디자인은 어떻게 혁신을 창조하는
지, 디자인은 사람의 마음을 어떻게 움직이는지 고민하는 것이다.
세상에 긍정적 반향을 불러일으킬 때 기업과 경제가 일어서기 때문
이다. 새로운 형태의 자전거를 보면서 창조란 무엇일까 다시 생각해
본다.

품(品)의 개념을 확대하고, 업(業)의 개념을 새롭게 바꾸는 게 창조
경제고, 창조디자인이다. 창조, 생각보다 어렵지 않다. 당신이 늘 보
던 프레임만 바꾸면 된다.

지하철 역사엔
왜 세탁소가 없을까?

일본의 지하철역에서는 환승계단을 올라가다가 레스토랑에서 밥을 먹을 수 있다. 미국의 지하철역에서는 아침에 세탁물을 맡겼다가 퇴근할 때 찾아올 수 있다. 인기도 많고 장사도 잘 된다. 다 죽어가는 우리나라 지하철역 상권과는 대조적이다. 무엇을 벤치마킹해야 지하철역 상권에 활력이 감돌까.

'유동인구가 많은 곳이 장사가 잘 된다'는 속설을 곧이곧대로 받아들이면 지하철역은 황금어장이나 다름없다. 서울시 통계에 따르면 서울의 1일 지하철 이용객 수는 2014년 기준 534만 명이다. 여기에 수도권 이용객까지 합하면 지하철 1일 이용객 수는 족히 1,000만 명은 될 것으로 보인다. 잠재력이 어마어마한 거대 시장이 땅속에서 잠자고 있다는 거다.

하지만 우리는 이 거대한 시장을 제대로 활용하지 못하고 있다. 흉물로 방치된 지하철역 내 점포들은 한둘이 아니고, 서울메트로와 도시철도공사는 만성적자라며 불만을 내놓는다. 가끔은 전철요금을 올리기 위해 시민들을 볼모로 무리수를 두기도 한다. 지하철역을 제대로 된 어장으로 활용해야 하는 이유가 여기에 있다.

성공 사례도 많다.

지하철역을 잘 활용하고 있는 곳은 일본이 대표적이다. 특히 우에노(上野)역 환승 계단을 올라가다 보면 그 옆으로 쇼핑몰이 펼쳐진다. 회전초밥집, 피자레스토랑, 도시락가게, 커피숍, 대형 음반매장, 화장품매장, 장난감가게, 양복점 등 80여개의 점포가 줄 지어 있다. 이런 점포들은 '에키나카(역내)'라고 불린다. **단순히 역사(驛舍) 안에 위치한 매점이 아니라 개찰구 안이나 환승 공간에까지 들어선 점포를 뜻하는 신조어다. 지하철 이용객 감소로 골머리를 앓던 일본의 철도 회사들이 고안해낸 생존 전략이다.**

우리나라도 '에키나카(지하철 역내)' 경제의 위력을 미리 알고 집중 영업을 한 업종이 있다. 바로 저가화장품 브랜드이다. 지금도 서울 지하철 역내 비즈니스의 대부분을 차지하고 있는 화장품 사업이 일본을 벤치마킹한 사례라 할 수 있다. 남들 보다 먼저 황금어장을 본 어느 저가화장품 사장이 돈을 벌어도 너무 많이 벌어서 일탈한 사건 때문에 온 사회가 시끄러워지지 않았던가.

미국도 이런 유형의 지하철역 내 점포가 있다. 그 가운데 뉴욕 기차역 내 세탁소는 굉장히 유명하다. 출근할 때 수선할 옷을 맡겼다가 퇴근할 때 찾아가는 식이다. 지하철역이나 철도역 내에 세탁물을 맡기고 찾을 수 있는 별도의 장소가 마련돼 있다.

세계에서 가장 오래된 지하철인 영국 런던 지하철(Tube)역에도 조만간 유통업체 매장이 들어설 예정이다. 시민들이 온라인 혹은 모바일로 주문한 제품(주로 소형제품류)을 역에서 수령해갈 수 있도록 하려는 거다. **그야말로 옴니채널**(Omni-Channel) **시대에 가장 잘 맞는 장소이다. 4차 산업혁명의 발전과 함께 지하철 내 매장은 큰 역할을 하리라 예상된다.**

지하철역 내 점포의 장점은 한둘이 아니다. 일단 자신이 원한다면 전철이 끊길 때까지 영업할 수 있다. 날씨 제약도 훨씬 적다. 또한 지하철역 내 점포는 바쁜 직장인들에게 쇼핑 시간을 제공해줄 수 있어 가격이 저렴하고 품질만 보장된다면 얼마든지 구매로 이어질 것이다. 현재 지하철역 내 점포 아이템으로는 팬시점이나 과자점에서부터 출퇴근 시간을 공략한 각종 렌털 서비스가 가능할 것으로 보인다.

물론 이런 상권으로 만드는 게 쉬운 일은 아니다. 다만 몇 가지만 유념한다면 충분히 가능하다.

첫째, **지하철역 내 환기시설과 조명의 밝기 등을 개선해야** 한다. 지하공간에 많은 인원이 움직이기 때문에 쾌적한 구매환경이 될 수 있도록 시설개선이 우선되어야 한다.

둘째, 유통 전문가의 도움을 얻어 **각 역마다 소비자를 유혹할 수 있는 차별화된 콘셉트를** 만들어내야 한다. 지금과 같이 천편일률적으로 화장품이나 커피숍 위주의 매장 구성을 해선 안 된다. 예를 들어, 서울의 '잠실나루역'은 서울과 강원도를 잇는 자전거도로의 중앙에 위치하고 있기 때문에 자전거를 테마로 한 '바이크스테이션'으로 재구성할 수가 있다.

셋째, **전철 운영사가 직접 사업을 운영해서 유통수익을 내야 한다.** 지금처럼 일괄적으로 입찰에 붙여 운영권을 맡기는 방식보다는 직접 기획하고 운영하는 게 좋겠다. 그래야 사업주체가 지하철 개찰구 입구와 환승 통로까지 이용하는 방법을 고려하는 등 적극성을 띨 수 있기 때문이다.

주택시장에 '미니'(Mini)와 '함께'가 자란다

　1~2인 가구가 늘어나고 있는 우리나라도 주거문화가 빠르게 바뀌어 가고 있다. 중대형 주택수요는 감소하고 소형 주택수요가 늘어나면서 장기적으로 주거 다운사이징 현상이 발생할 것이다. 우리나라보다 먼저 1~2인 가구 증가와 고령화 사회를 맞은 일본에서는 초미니 주택이 빠르게 확산되고 있다. 이런 현상은 미국에서도 나타나고 있어, 3국을 비교할 만한 가치가 있다.

　일본에서는 자투리땅을 활용한 초소형 주택이 인기다. 1990년대 이후 1~2인 가구에 특화한 주택시장이 형성된 일본은 다양한 테마가 있는 초소형 주택이 등장하고 있다. 대표적인 상품은 '콘셉트 맨션'이다. 도심 내 자투리 토지를 활용해 입주자 특성에 맞게 소형으로 건축한 것이다. 대개 8가구 정도로 구성된다. 비슷한 취미를 가진 독신가구들이 입주해 커뮤니티를 형성한다.

뮤지션 맨션이나 바이커즈(오토바이 애호가) **맨션 등이 대표적**이다.

이런 주택은 대기명단이 있을 정도로 공실률이 낮다. 최근에는 같은 취미 혹은 취향의 사람들이 뭉쳐서 부지 구입부터 건축기획 및 공동주택 마감까지 모든 공정에 참여하여 자신들만의 공간을 창조해 나가는 경향이 커지고 있다. 이러한 경향은 결혼 할 나이가 꽉 찬 1인 미혼자들 중에서 일어나고 있는 트렌드다. 취미가 같은 사람들끼리 매일 밤 같은 취미를 주제로 이야기도 하고 음식도 같이 만들어 먹는 생활을 꿈꾸는 것에서 벗어나 현실로 집행하는 집단이 나타나기 시작했다.

내가 생각할 때, 앞으로 우리나라도 일본처럼 같은 취향의 사람들이 단합해서 같은 공간을 창조해서 그곳에서 비슷한 추억과 그들만의 삶을 스스로 만들어 갈 것이라 예측한다. 즉, **대규모 회색빛 아파트에 질린 도시인들이 자신들만의 콘셉트로 공간 및 시간을 창조해 나갈 것임에 틀림없다.**

취향이 같은 공동주택뿐만 아니라 셰어형 주택인 셰어하우스도 인기다. 이는 주거비용을 절약하기 위해 공동시설이라고 할 수 있는 부엌·욕실·화장실을 공동으로 이용하는 것이다. 게스트하우스의 민간주택이라고 생각하면 쉽다.

위클리(weekly) 맨션 혹은 먼슬리(monthly) 맨션도 있다. 말 그대로 일주일 또는 한 달 간 이용하는 주택이다. 우리나라도 제주도를 중심으로 한 달만 살아보는 주택이 늘어나는 현상은 일본과 비슷하다.

그리고 1~2인 가구를 위한 30~60㎡ 규모의 콤팩트 맨션도 늘어나고 있다. 원룸보다 크고 일반 아파트보다 작으며 50~60가구가 한 동(棟)으로 구성돼 있다. 여성 싱글, 시니어 커플, 딩크족이 주요 거주자다. 최근에는 패밀리 타입도 도입되고 있다.

1인 가구가 늘어나고 있는 미국의 현상을 살펴보자. 미국에도 소형주택 건축 붐이 일고 있다. 탁구대 5~7개를 붙여놓은 크기의 좁은 공간에 화장실·주방·거실이 모두 들어가는 초소형 아파트까지 인기다. 미국이나 영국과 같은 서구사회는 임대료 부담을 나누기 위해 자연스럽게 발생했다. 워낙 집값이 비싸기 때문에 일반 주택을 셰어하우스로 활용하는 편이다.

미국 샌프란시스코 시의회는 최근 아파트 건축 시 가구당 최소 면적 기준을 27㎡(약 8평)에서 20㎡(약 6평)로 완화하는 관련법 개정안을 투표에 부쳤다. 20㎡짜리 아파트의 옷장·주방·화장실을 뺀 실제 생활공간은 14㎡(약 4평) 정도인 셈이다.

뉴욕시도 기존 37㎡(약 10.5평)이던 최소 면적 기준을 26~28㎡(약 7~8평)까지 낮추고, 이 기준을 적용한 '마이크로 주거 공간(units)' 디자인 공모전을 실시했다. 뉴욕시는 이 공모전에 출품된 작품을 기준으로 2014년까지 원룸형 아파트 16만 5,000가구를 건설해 시장에 공급했다. 미국의 초소형 아파트 붐은 '나 홀로 가구' 증가에 따른 공급 부족에서 비롯됐다. 뉴욕시는 전체의 60%인 180만 가구가 1~2인 가구지만, 이들이 원하는 원룸형 아파트는 100만 개 안팎에 불과하다.

그렇다면 우리나라는 어떤가. 경기침체가 지속되면서 주거비와 사무실 유지비용을 줄일 수 있는 '초미니' 공간이 인기를 끌고 있다. 가장 대중적인 것이 원룸텔이다. 원룸텔은 보통 6.6~9.9㎡(약 2~3평) 크기다. 일반 원룸보다 작고 고시원보다는 크다. 샤워실·화장실·TV·냉장고·침대·옷장 등이 갖춰져 있어 혼자 생활하는 데 불편함이 없다. 세탁실이나 취사공간은 공동으로 이용한다. 규모에 따라 식당이나 운동시설을 갖춘 곳도 있다.

가장 최근에는 처치 곤란한 대형아파트를 수익형 부동산으로 바꾸는 새로운 방법 중의 하나인 '셰어하우스' 사업이 성황리에 전개되고 있는 중이다. 이는 전 세계적으로 발전중인 '공유경제'의 일환으로서 500만 1인 가구시대에서 새로운 부의 기회를 가져다 줄 수도 있다. 셰어하우스가 뉴 스테이 시대의 새로운 수익형 부동산 전략이라는 이유는 과거 주택 매매 차익에서 큰 수익을 얻었던 것이 바뀌고 있기 때문이다. 임대수익을 최대한 확보하기 위해 집 한 채를 통째로 임대하는 것보다 방을 나눠 임대하는 셰어하우스가 더 유리하기 때문이다.

특히 대학교 앞에 있는 대형 평수의 아파트를 보유하고 있던 집주인에게 희소식이다. 즉, 전세도 안 되고 할 수 없이 끌어안고 있었는데, 셰어하우스 덕분에 부자의 기회를 발견하게 된 것이다.

셰어하우스가 집주인 입장에서만 반기는 새로운 주거형태가 아니라 입주자에게도 상당히 좋은 주거형태라는 점이다. 1인 가구가 500만 명 시대라고는 하지만 정작 이들이 편하게 누울 집은 많지 않다. 임대료가 싼 곳을 찾으면 시설이 좋지 않고 반대로 시설이 좋은 집의 임대료는 혼자 감당할 만한 수준이 아니기 때문이다. 집 한 채를 여럿이 나누어 쓰는 '셰어하우스'가 주목을 받는 건 이 때문이다. 아무래도 경제적으로 자유롭지 못한 대학생을 중심으로 취미나 행동이 비슷한 사람들이 함께 공동체 삶을 살아가는 셰어하우스는 테마별로 사업이 전개될 것으로 예상된다.

여기에 사무공간 기능을 겸한 '종량제 사무실'도 불황에 1인 기업 증가 등 사회적 분위기와 맞물려 인기가 높아지고 있다. 현재 강남 테헤란로와 여의도·마포·종로 등 오피스 밀집지역에서 속속 등장하고 있다. 책상 등 사무집기가 갖춰져 있을 뿐만 아니라 관리비 걱정도 없어 1인 회사, 벤처기업, 인터넷 쇼핑몰 운영업체가 선호한다. 즉, '셰어오피스(share office)'개념이다.

'셰어오피스'는 공유경제의 일환으로 진행되는 '공유 오피스'라 불린다. 대표적인 브랜드로는 '위워크(WeWork)'가 있는데, '위워크'는 2010년 뉴욕에서 설립된 사무실 공유 임대 업체로서 중국 투자 업체 호니 캐피털, 레전드 홀딩스 등으로부터 4억 3,000만 달러(약 4,700억 원)를 투자받고, 현재는 160억 달러(약 17조 원)의 기업 가치를 인정받은 기업이다. 이들은 오피스빌딩 전체나 일부를 임대한 다음 이를 분할해 재임대하는 방식을 채택하고 있다.

작지만 있을 것은 다 있는 '미니'라는 개념과 같은 성격이 '함께' 있는 삶

1~2인 가구가 늘어나고 있는 우리나라도 주거문화가 빠르게 바뀌

어 가고 있다. **집 형태이던지 아니면 오피스 형태이던지 공통된 트렌드는 '따로 똑같이' 전략을 채택하고 있다는 점이다.** 중대형 주택 수요는 감소하고 소형 주택수요가 늘어나면서 장기적으로 주거 다운사이징 현상이 발생할 것이다. 월세가 주축인 임대시장으로 가파르게 성장할 것이고, 다양한 테마를 제안하는 소형주택이 붐을 이룰 것이다. 내가 확언컨대, 우리나라도 일부는 **동호회 형식의 테마형 소형건축물이 대세가 되는 주거형태로 발전하리라 예상한다.**

디지털과 모바일의 발달로 인해 굳이 바깥에 나가기를 거부하는 도시인들은 집에서 무언가를 만들어 가려는 경향이 점점 커지고 있다. 불황이 계속되는 대한민국에서 집 밖으로 나가면 돈이기 때문에 집안에서 취향이 비슷한 사람들끼리 모여서 알콩달콩 살려는 1인 가구와 2인가구가 생각보다 빠른 속도로 작은 공동체를 만들어 가고 있는 중이다. 당연히 이런 주거형태에 맞는 의식주 제품군과 서비스가 새롭게 탄생할 것이다.

'부산·제주'는
마카오를 주목하라

지방도시가 자연히 발전할 것이란 안이한 생각으로 무작정 카지노산업을 추진하면 필패한다. 이런 행정편의주의가 국내 관광산업을 망치고 있는 것이다. 적극적인 관광객 유치작전이 마련되지 않으면 소용이 없기 때문이다.

지금으로부터 500년 전, 포르투갈 무역상이 마카오에 발을 디뎠다. 마카오가 1550년대부터 새로운 중계무역항으로 떠오르게 된 배경이다. 무역도시로 급성장한 마카오는 지리적인 이점과 경제력 때문에 유럽 열강들의 공격을 많이 받았다. 당시 마카오를 삶의 터전으로 삼았던 광둥(廣東) 지방 농민과 푸젠(福建) 지방 어민은 떠났고, 포르투갈 인이 장악해 버렸다. 이때부터 본격적으로 마카오에 유럽 문화가 흘러들어 갔다.

지금까지도 마카오 곳곳에 남유럽 포르투갈의 문화가 짙게 배어 있다. 마카오를 한 바퀴 둘러보면 포르투갈에 온 것 같기도 하고, 한편으로는 중국의 소도시를 옮겨놓은 듯하다. 약 450년 동안 중국 문화와 포르투갈 문화가 공존했기 때문이다.

그런 마카오에 미국 카지노 자본이 들어가고 있다. 이는 새로운 세상이 열릴 것임을 의미한다. 몇 년 전부터 마카오 베네시안 리조트가 설립된 이후로는 미국 라스베이거스와 함께 일확천금을 꿈꾸는 도박의 도시가 됐다.

자연히 마카오는 관광의 도시로 떠올랐다. 인구 45만 명에 불과한 이 도시는 전 세계 관광객을 끌어 모은다. 한해 마카오를 찾는 관광객은 100만 명이 넘는다.

최근 발간된 홍콩 규획서(規劃署)와 광둥(廣東)성 건설국이 공개한 '주장(珠江) 삼각주 개발보고서'에 따르면 앞으로 주장 부근 홍콩과 주하이(珠海)·마카오·광저우(廣州)·선전(深川)·포산(佛山) 등 6개 도시는 철도와 고속도로 등으로 연결된다. 2시간 이내 생활권으로 개발하기 위해서다. 중국 광둥성은 남부 주장 삼각주가 대규모 클러스터 도시로 개발되는 것이다. 이는 인근 6개 도시를 2시간 이내 도달 가능한 단일 생활권으로 묶어 경제·문화·관광 허브로 도약하겠다는 의미다. 도시 간의 협력을 통해 경제위기와 환경문제에 공동 대처하겠다는 전략인데, 한국으로서는 부러운 마스터 플랜이다.

눈길을 끄는 것은 마카오의 뛰어난 지리적 접근성이다.

마카오는 중국 주하이와 근접하다. 홍콩도 배편으로 1시간이면 도착하는 근거리에 있다. 여기에 **마카오를 중심으로 비행기 운항 2~3**

시간 거리 안에 인구 10억 명, 5시간 거리 안에는 22억 명이 살고 있다. 이런 곳에 카지노 산업이 들어선 것이다.

건전한 도박산업은 엄청난 경제적 이득을 가져온다. 마카오는 이 원칙을 충실하게 지켰다. 덕분에 도박산업 규모는 인근 반경 4억 명의 인구가 전부인 미국 라스베이거스보다 마카오가 유리하다. 1인당 카지노 매출액은 라스베이거스보다 2배나 높다.

하지만 배 아파하지 말자. 우리에게도 그에 못지않은 도시가 있다. **바로 '부산·제주'다.** 홍콩·마카오처럼 관광객을 유치하려면 기본적으로 명품호텔과 명품면세점 등 유통시설과 편의·숙박시설이 들어서야 할 것이다.

하지만 이것만으로는 부족하다. 적극적인 관광객 유치작전이 필요하다. 마음 같아서는 카지노가 허용되는 호텔을 세우고 싶다. 사실 국내에서 강원도 정선이 도박 가능한 도시이긴 하지만 외국 관광객이 찾아가는 건 쉽지 않다.

이는 시사 하는 바가 크다. 지방도시가 자연히 발전할 것이란 안이한 생각으로 무작정 카지노 산업을 추진하면 필패다. 이런 행정편의주의가 국내 관광산업을 망치고 있는 것이다. 적극적인 관광객 유치작전이 마련돼지 않으면 소용이 없기 때문이다.

여기서 한 가지 제안을 하고자 한다. **부산과 제주를 묶어서 대항하는 것이다.** 홍콩은 1년 내내 관광의 나라, 다양한 고급호텔과 쇼핑몰, 유명 브랜드를 세일하고 있다. 5,000년 우리 역사는 이보다 보여줄 것이 차고 넘친다. 아이템은 준비됐다. 후손인 우리가 움직일 때

다. 마카오에 못지않은 부산·제주 도시를 만드는 것이다. 단, 행정의
수장이 이런 숨겨진 도시의 가치를 충분히 이해한 뒤에서야 가능할
것이다.

'체스복싱'과
'장기택견'이라는
경기를 아시나요?

최근 신상품에는 이종상품이 많이 탄생하고 있다. 신상품에 관한 한 국내에서 가장 많이 접하려 하는 내게 있어서 미래의 히트 신상품 관련 자료는 늘 재미있고 신선하다. 그래서 볼펜과 시계가 연결되어 '볼펜시계'가 탄생하듯이 전혀 다른 이종의 상품이 결합하여 새로운 신상품이 탄생하게 된다.

새로운 신상품을 만들 때 주로 사용하는 방법이 '더하기' 혹은 '빼기' 방식이다. 기존에 출시된 제품의 기능을 더하거나 빼는 방식이다. '더하기' 방식의 대표적인 사례를 든다면, 카메라 기능을 담은 핸드폰을 들 수 있다. '융합상품'이라고도 하고, '컨버전스 상품'이라고도 한다. 컨버전스 상품이 모두 히트하는 것은 아니지만 세간에 새로운 화제와 뉴스를 가져 다 주는 것은 확실하다. 이런 컨버전스 상품을 통해 대박을 터뜨린 상품으로는 '진공스팀청소기'를 들 수 있다.

그렇지만 눈에 보이는 제품과 보이지 않는 서비스를 결합하여 성공한 대표적인 사례도 있다. 바로 애플의 '아이팟'이다. MP3 플레이어 아이팟과 온라인 음악 서비스 '아이튠즈 뮤직 스토어'를 보자. 아이팟을 많이 구매하면 할수록 아이튠즈 이용자는 늘어나는 비즈니스 모델인 셈이다. 물론 아이튠즈의 풍부한 콘텐츠가 뒷받침돼서 아이팟도 많이 팔리기도 했다.

이렇듯 새로운 히트상품은 비단 유통업계에서만 탄생하는 것이 아니다. 스포츠에서도 새로운 이종경기가 탄생을 하게 된다. 이는 마치 스키를 타면서 사격을 하는 바이애슬론과 같은 개념의 스포츠인 셈이다.

내가 늘 주장하듯이 **21세기형 히트상품은 유형의 상품과 무형의 서비스상품이 결합 되었을 때이다.** 그런 의미에서 여러분은 '체스복싱'을 들어 보셨는지 모르겠다.

체스복싱은 체스와 복싱을 번갈아 11라운드를 하는 신종경기로서 체스 6라운드(각 4분)와 복싱 5라운드(각 3분)의 총 11라운드로 진행된다. 1라운드의 체스 경기로 시작해 복싱과 번갈아 진행되며, 체스 중에는 관중의 훈수를 받지 못하게 선수들은 헤드폰을 낀다.

이 신종 경기는 만화에서 힌트를 얻은 네덜란드의 예술가 이에페 루빙(Rubingh)이 2003년 처음 창안했다. 현재 서양장기인 체스와 복싱을 결합한 신종 스포츠인 '체스복싱(chessboxing)'은 2003년 첫 경기 이후 이제 유럽에서 큰 인기를 끌고 있다.

독일 베를린에서 열린 체스복싱 우승자는 러시아에서 수학을 전공하는 대학생으로서 2008년 라이트헤비급 챔피언에 등극했다는 해외토픽 뉴스가 신문 지면을 장식했다. 아시다시피 복싱을 하게 되면 상대방의 펀치로 인해 정신이 없는 경우가 다반사인데, 쉬지도 못하고 바로 체스를 계속 두어야 하는 경기의 진행방식이 정말 기발하다. 물론 젊음과 지혜 모두를 갖추어야 챔피언에 오를 것이다. 그야말로 문(文)과 무(武)를 겸비한 동량을 선발하기 위한 관문으로 활용 가능하지 않을까 생각해 본다.

현재 세계체스복싱협회(WCBO)는 베를린, 런던, 소피아 등 유럽 곳곳에 훈련도장을 운영한다. 그렇지만 미국에서는 체스복싱이 실제 경기로서가 아니라, 자녀 교육용 스포츠로 주목을 받는다.

우리가 여기서 주목할 점이 바로 이점이다. **이 스포츠는 개인의 지적능력과 체력을 동시에 키우는 방향으로 활용할 수 있다는 점이다.** 이런 신종 스포츠를 통해 컴퓨터와 게임 그리고 과외학습 등으로 지칠 대로 지친 대한민국 청소년들을 위한 새로운 스트레스 돌파구이면서 두뇌를 활용할 수 있는 새로운 스포츠로 창조해 보는 방안을 제안한다.

두뇌 스포츠를 즐기는 민족 중에 하나가 일본이라 생각된다. 왜 일본인들은 두뇌 단련 상품에 매료된 것일까. 그 이유는 '재미'나 '즐거움'이라고 생각된다.

닌텐도DS와 같은 쉬운 게임을 통해 자기 두뇌 연령을 알 수 있다는 '호기심'. 그리고 화면을 만지거나 펜으로 입력하면서 게임을 즐길 수 있는 만큼 중년층이나 고령자들도 부담 없이 시작할 수 있다는 점이 두뇌 스포츠가 폭발적인 인기를 누리게 된 이유다. 여기에 '온

가족이 함께 즐길 수 있는 게임'이라는 개념까지 덧붙여짐으로써 두뇌 게임은 건전하면서도 건강에도 도움을 주는 이로운 게임이라는 인식으로 탈바꿈했기 때문에 가능하지 않을까 싶다.

그렇다면 점점 고령화 사회로 가고 있는 우리나라에서도 두뇌스포츠를 도입해 보자.

우리나라 전통 무예인 택견을 기본으로 해서 장기를 두는 스포츠를 만들어 보자. 우선 아시아 국가부터 시작을 해보고 점점 대상 국가를 넓히는 방안을 정식으로 제안하고 싶다. **'장기택견'을 우리나라를 주최국으로 해서 시작해 보았으면 한다. 젊은이를 중심으로 '장기택견'을 개발하여 정착시켜 보자.**

내 개인 의견으로는 이 신종 스포츠를 통해 진정 대한민국 동량을 발굴하는 기회로도 활용이 가능하다고 본다. 택견은 우리나라 전통 무예인 만큼 현대적으로 바꾼 태권도로 대체할 수도 있다고 본다. **택견이든 태권도든 우리나라를 대표하는 전통 스포츠를 3라운드 하고 장기를 두는 이종 스포츠를 통해 달러벌이에 나서보자.**

물론 나이 드신 어르신을 위한 신종스포츠도 함께 개발된다. 예를 들어 나이 드신 어르신들을 위한 '장기경보'는 어떨까 싶다. 경보는 일반 걸음걸이의 속도를 높이는 스포츠이므로 큰 무리는 없으리라 보인다. 이런 새로운 개념의 신상품 개발을 통해 얼마든지 새로운 사업을 시작할 수 있는 것이다.

앞으로 21세기의 새로운 세상, 뉴 비즈, 신상품은 말만 잘하는 행

정가나 정치가가 만드는 것이 아니다. 상상력과 창의력을 지닌 창업가만이 그런 것을 만들 수 있는 세상이 점점 다가오고 있다.

업(業)의 핵심에
집중하라

대한민국 삼성그룹의 이건희 회장으로부터 시작된 경영철학 중의 하나가 '업'의 개념이다. 이미 책이나 칼럼을 통해 지면에 수없이 소개되었으므로 잘 이해하고 있으리라 본다. 하지만 대한민국 거의 모든 기업은 앞서가는 경영보다는 내부갈등에 소진하는 경향도 많아 보인다. 즉, 많은 직원이 회사 업무 중의 절반 이상을 내부 커뮤니케이션에 사용한다는 사실을 CEO분이 아시는지 모르겠다. 내부 커뮤니케이션의 어려움이란 관련 부서장 간의 보이지 않는 알량한 알력다툼, 이에 따른 각 조직원들의 불화, 줄을 잘 서야 밀리지 않는다는 줄타기론 등 때문에 업무협조가 힘들 수 있다는 것을 말한다. 그래서 막상 자신의 업무를 개발할 시간을 대체하고 있다는 사실. 기업 내 실제 파워가 어디에 있느냐를 가늠하는 쓸데없는 시간으로 기업은 멍들어 가고 있다.

조직 내 분파를 만드는 이단자를 색출해 내는 일이 기업체가 멀리 가기 위한 사전 조치일 것이다. 동시에 기업은 변하는 세상과 똑똑한 소비자에게 어떤 사업을 제공하는 업체인지에 집중하고 연구해야 할 것이다. 특히 중소기업을 운영하는 모든 사장께서는 자신이 운영하는 회사의 업(業)에 대해 곰곰이 생각하여 결론을 내야 한다. 본인이 운영하는 업의 개념을 어떻게 설정하느냐에 따라 회사의 갈 길이 달라지고, 갈 길이 달라지면 직원들의 공격목표도 달라지게 되니, 아주 중요한 명제인 셈이다.

이케아는
가구업체인가
아니면
식품업체인가?

스웨덴 가구·인테리어 유통업체 이케아(IKEA)가 중국시장에서 큰 인기를 얻고 있다. 가구 소비량도 많지만, 실상을 들여다보면 식품사업이 눈에 띈다. 저렴하면서도 맛있는 음식을 제공하며 베이비부머와 연금수령자를 매장으로 끌어들인다. 그런 이케아가 국내에도 매장을 열었다. 국내 가구업계는 어떤 대응전략이 필요할까.

중국은 세계시장의 각축전이다. 수많은 브랜드가 중국에 진출했거나 진출을 꾀하고 있다. 그런데 유독 강세를 보이는 업체가 있다. 스웨덴 가구·인테리어 유통업체 이케아(IKEA)다. 2015년까지 중국 내 매장수도 18개로 늘릴 상태이다. 이에 반해 다른 외국계 가구·인테리어·건자재 기업들이 고전을 면치 못하고 있다. 미국 건자재 유통회사인 홈데포는 손실이 발생했다. 미국에서 성공했던 것처럼 값싼 제품과 대형매장으로 밀어붙였지만 중국인 소비자의 마음을 녹이진 못했다. 영국 최대 건자재 유통업체 B&Q도 중국시장에서 적자를 보고 있다. 유럽에서 '도심 속 매장' 콘셉트로 인기를 끌고 있는 덴마크 가구업체 JYSK도 차별화에 실패해 어려움을 겪고 있다.

그렇다면 이케아와 다른 외국계 가구업체간의 브랜드 전략 차이는 무엇일까.

먼저 상하이(上海) 쉬후이(徐匯)에 있는 3만 3,000㎡(약 1만 평)에 달하는 이케아 매장을 보자. 중국 소비자가 관심 있게 보는 소파와 침대가 진열돼 있다. 유럽풍 깔끔한 디자인의 가구부터 컵·접시·완구·카펫 등 없는 것 빼곤 다 있다. 이곳에는 고급스럽기보단 독특한 디자인 아이디어 제품도 진열돼 있으며, 이 점이 20~30대 소비자를 끌어들이고 있다. 그런데 상하이 1호점에는 중장년층도 적지 않다. 매장 내에 위치한 카페테리아에는 노인들도 많다. 특징은 이케아에서 지급한 패밀리 카드를 제시하며 공짜 커피를 즐기고 있다는 점이다. 이는 독일 이케아 매장의 운영방식과 똑같다. 노인들이나 퇴직한 연금수령자를 이케아 매장으로 끌어 모으는 전략이다.

이처럼 이케아는 다른 가구업체와는 무언가 다른 전략을 쓰고 있다. 이를테면 '가구'를 넘어서는 콘셉트와 전략으로 승부를 걸고 있다는 거다.

아시아인에 최적화한 서비스

이케아는 2006년 그룹 산하에 이케아푸드서비스(IKEA Food Services)를 설립해 식품사업에 뛰어들었다. 자체 맥주도 생산하고 있다. 상당히 값싸지만 맛있는 음식을 카페테리아 형식으로 제공한다. 식품사업과 매장 내 레스토랑 운영 수익 등으로 2011년 식품사업 부문에서 13억 유로(약 1조 8,000억 원)의 매출을 기록했다. **이케아가 본업인 가구사업과 관계가 없어 보이는 식품사업에 집착을 갖는 이유는 무엇일까. 결론만 말하자면, 소비자가 매장에 오랫동안 머물도록 만들기 위해서다.**

이케아는 미국 매장에서는 철저한 'DIY(Do It Yourself)' 전략을 썼다. 하지만 중국에서는 유료이기는 하지만 시공과 배달 서비스도 제공한다. 동양 소비자를 위한 현지화 마케팅 전략인 셈이다. 이케아는 베이징(北京)과 상하이 등 대도시 위주였던 지금까지의 점포 개설전략과는 달리 최근에는 우시(無錫)·닝보(寧波), 우한(武漢) 등 상대적으로 규모가 작은 거점도시 위주로 매장 신설을 준비하고 있다.

우리나라에도 매장이 개설되었다. 우리나라 첫 번째 직영점인 광명점의 규모는 세계 최대다. 그렇다면 넓디넓은 중국도 아닌 우리나라에 세계 최대의 가구매장을 낸 이유는 무엇일까. 이케아가 시장조사한 결과의 우리나라 가구 및 리빙 시장은 밝은 듯 보인다. 기존 가구 및 리빙생활용품 시장의 경쟁자에 대한 조사도 끝냈을 것이다.

평일에 광명점을 찾아 갔더니, 가구 쇼핑에 나선 쇼핑객들로 인산인해다. 주말도 아닌 평일에 이렇듯 많은 쇼핑객을 보유한 점포는 대한민국이 유일할 것이다. 미국을 포함해서 여러 나라 이케아 매장을 다녀봤지만 우리나라 광명점 내점객 수준에 훨씬 못 미쳤기 때문이다. 앞으로 이케아가 우리나라에 진출한 이후의 전략은 중국보다 더 적극적인 고객 확대전략을 집행할 것이리라 예상된다.

하지만 문제는 국내 가구업계가 아직도 이케아를 가구업 회사로 착각한다는 점이다.

이케아는 은퇴한 베이비부머를 끌어들이기 위해 저렴하지만 맛있는 음식을 제공하는 등 고객층의 다원화를 꾀하는 브랜드다. 아울러 매장에 오랫동안 머무르도록 사전시스템을 모두 갖추고 있다는 점을 잊어서는 안 된다. 단순한 가격 할인이 아닌 중국 소비자가 이케아로 몰리는 정확한 이유에 대한 세심한 관찰이 필요한 때다. 그 이유는 지금까지 한국에 진출한 '이케아'의 영업 전략을 분석해 보면 금방 알게 된다.

이케아 광명점엔 주말에만 3만 명가량 방문한다. 이케아는 중국에서처럼 저렴한 가격이지만 가격대비 맛있는 음식을 제공함으로서 소비자의 매장 체류시간을 절대적으로 늘리고 있다. 당연히 SNS 공간에는 이케아 방문기가 곳곳에서 쏟아지고 있다.

이케아 매장의 재미난 점은 한번 진입했다면 후퇴는 안 된다. 중간에 출구가 없기 때문이다. 무조건 전 매장을 한 바퀴를 돌아야 출구로 나오게 되는데, 이곳에 저렴하지만 맛있는 식당을 포진시켰다는 점이다. 이처럼 미로식 매장구성은 이케아만의 동선전략으로써 핵심전략에 속한다.

그리고 이케아의 다양한 고객 유인책 중 하나가 '이케아 패밀리' 제도인데, 패밀리에겐 커피가 무제한 공짜다. 2층 이케아 레스토랑에서 패밀리 카드를 보여주기만 하면 된다. 그야말로 **'꼬리가 개의 몸통을 흔든다'는 의미의 웩더독**(Wag The dog) **전략을 전개하고 있다.** '스웨덴식 미트볼' 혹은 '이케아 치킨' 그리고 단돈 1,000원에 핫도그와 음료(무제한)를 제공 중에 있다.

이케아는 한국 진출 전 한국 가정을 철저하게 분석했다. 이케아는 2년 동안 수십여 가구를 직접 방문 조사하고 인터뷰를 통해 이들의 니즈를 파악했다고 한다. 집중적인 조사를 통해 한국인들이 좁은 공간을 최대한 활용할 수 있는 수납가구를 원한다는 사실에 영업의 초점을 맞추었다고 한다. 그리고 한국 가정은 아이들을 중요하게 여기는 문화가 있기 때문에 부부 침대와 아이 침대가 함께 놓인 쇼룸은 전 세계 매장 중에 한국이 유일하다는 점도 기억하자.

이케아처럼 사업의 개념을 동심원처럼 외연을 늘려 생각하는 습관을 가져보자. 그리고 이케아와 연관된 사업에는 또 어떤 것들이 있을지 연구해 보자.

앞으로 몇 년간 우리네 삶의 트렌드 키워드는 '집'이라는 점을 기억하라.

지역축제와
청년 식문화(食文化)를
선도할 푸드트럭

　얼마 전에 TV에서 푸드트럭에 관한 프로그램을 방영했다. 내용은 볼거리, 맛, 이동성의 3박자를 갖춘 푸드트럭이 새로운 음식문화로 부상하고 있지만 지자체로부터 허가받은 장소에서만 영업해야 하는 탓에 이상하게 변질돼가고 있다는 것이다. 이제 더 이상 푸드트럭을 방치해선 안 될 시점에 온 듯하다.

　푸드트럭 신장의 배경은 2008년 이후의 세계적 장기 불황이다. 주머니 사정이 넉넉지 않은 불황기의 수요자와 공급자 모두에게 안성맞춤인 업종이다. 수요자는 값이 저렴한 점이, 공급자는 일반 식당에 비할 수 없이 적게 드는 창업비용이 장점이다. 미국에서 푸드트럭은 초기 투자비가 7만~8만 달러인 반면, 식당은 10만~30만 달러 정도 든다. 게다가 푸드트럭은 한 곳에서 실패하더라도 다른 곳에서 비교적 손쉽게 메뉴와 브랜드를 바꿔 재도전할 수 있는 것도 장점이다.
　최근 강남역의 새로운 명소가 된 햄버거 가게의 탄생도 맨 처음에는 푸드트럭의 일종이었다는 사실을 아실 것이다. 뉴요커들에게 '쉑쉑버거'라는 애칭으로 불리며 뉴욕의 명물 햄버거로 떠오른 '셰이크색(Shake Shack)'도 미국 푸드트럭의 성공신화다. 이 햄버거 사업은 2001년 뉴욕 맨해튼 매디슨스퀘어공원과 월가 길거리에서 핫도그를 파는 핫도그 푸드카트(food cart)로 시작했다. 그런 후 어느 정도 목돈을 챙긴 후 2004년 매디슨스퀘어공원에 햄버거를 파는 가게를 열면서 성공의 가도에 들어선 사례이다.

우리나라도 이제 푸드트럭을 노점과 함께 합법화시키는 방안을 도출해내야 한다. 명동이나 이태원 등 외국인 관광객이 많은 곳에서 불법 운영 중인 노점, 그리고 전국 어디나 갈 수 있는 푸드트럭을 위한 1석2조의 해법이 필요하다. 지자체들로선 세금을 걷기 힘들기에 합법화를 미뤄왔는지도 모르겠다.

미국도 푸드트럭 활성화가 세입에 영향을 미치기에 지방정부들이 일정 규제를 가하기는 한다. 라스베이거스에서는 소매 음식점으로부터 45미터는 떨어져야 하고, 공공장소에 하루 4시간 이상 머물 수 없다. 워싱턴D.C.는 손님을 줄 세우지 못하게 하며, 로스앤젤레스는 푸드트럭 직원이 손 씻을 화장실 같은 곳으로부터 700미터 안에서만 영업하게 한다. 뉴올리언스에서는 한 곳에서 45분 이상 머물 수 없고, 볼티모어에서는 경기장이나 초등학교 근처에는 주차하지 못하게 한다. 이렇게 **기존 식당에 미칠 손실을 줄이는 한편 위생 문제를 보완하는 차원에서 접근하는 것이다.**

우리나라의 푸드트럭 비즈니스는 식음료 제공 뿐 아니라, 새로운 음식문화의 창조에도 기여할 가능성이 크다. 2013년부터 매년 미국 마이애미 해변 등에서 푸드트럭 페스티벌이 성황리에 열리고 있다. 미국 전역의 푸드트럭이 모여 다양한 식문화를 제시했고, 세계 각국의 로컬 푸드를 맛보려는 소비자들이 운집하면서 성공적 행사가 되었다. 여기에다 음악과 캠핑 문화까지 어우러지면서 길거리 음식 페스티벌을 뛰어넘는 새로운 문화를 창조하는 행사로 평가받았다. **미국의 푸드트럭 페스티벌은 도시를 달리 하면서 매년 개최되고 있는데, 해가 갈수록 많은 푸드트럭이 참여함으로서 진정한 융합형 축제로 자리매김하고 있다.**

이렇게 푸드트럭도 한데 모이면 대기업과도 경쟁할 수 있고, 다양한 식문화를 제안해 호기심과 감동을 줄 수 있다. 앞으로 우리나라의 지자체들이 수많은 축제의 주요 테마를 '푸드트럭'으로 잡으**면 어떨까.** 다양한 토속 음식과 세계 각국 음식을 준비한 푸드트럭에서 맛난 음식을 골라 먹으면서 재즈나 록 페스티벌을 보고, 자전거 여행도 겸하는 패키지형 축제를 개최하는 것이다. 국내뿐 아니라 외국 관광객도 얼마든지 끌어 모을 수 있다고 본다.

체계적이고 합법적인 푸드트럭 비즈니스는 가뜩이나 침체된 내수 경기를 살리고 청년실업 문제도 완화할 공신(功臣)의 하나가 될 수 있다. 화려한 도시에 회색빛 거리와 어두운 골목만 있어서는 의미가 없지 않는가. 사람들이 모여 음식과 대화를 나누는 또 하나의 소중한 소통의 장소를 제공하는 푸드트럭을 활성화시킬 방법을 찾아보자.

한국형
푸드트럭의 대부(代父)를
찾으려면…

우리나라는 사실 4년 전부터 '푸드트럭'을 규제철폐의 1호 대상으로 지정하고도 큰 진전 없이 세월만 보내고 있는 중이다. 하지만 더 이상 시간을 낭비할 순 없다. 20여년 유통트렌드 컨설팅을 업(業)으로 하는 나로서는 청년 푸드트럭 운영자들에게 색다른 경영전략을 제안하고 싶다.

얼마 전 미국 시사주간지 '타임(TIME)'은 '2016년 세계에서 가장 영향력 있는 100인' 명단에 미국 푸드트럭의 대부로 알려진 한국계 미국인 로이 최(46세)를 올렸다. 그가 선정된 분야는 '요리 개척자'였다. '타임'이 그를 선정한 이유는 다음과 같다.

첫째, 가벼운 음식 제공 차량을 완전히 새로운 콘셉트로 제안해 푸드트럭의 이미지를 향상시킨 점.

둘째, 재능 있는 요리사들이 많은 돈을 들이지 않고도 창업에 성공할 수 있는 비즈니스 모델을 제시한 점.

마지막으로 소셜미디어를 마케팅 수단으로 활용하는 데에 선구적인 역할을 했다는 점이다.

그렇다면 우리나라 청년 푸드트럭 창업자는 무엇을 준비해야 할까.

★ 소규모 단체급식시장을 염두에 둬라

일반적으로 해외의 푸드트럭 비즈니스는 개업 전에 투자자본수익률을 많이 생각한다. 해외 푸드트럭 운영자의 매출(수입)은 푸드 판매분, 음료판매분, 케이터링 판매분으로 구성된다. 다시 말해 일반 개인 소비자뿐만 아니라 단체 고객을 미리 염두에 두고 사업계획을 세운다는 점을 간과해선 안 된다. 가령 유치원, 양로원 등 소규모의 단체급식을 노리는 게 좋다는 거다.

★ 지자체의 연간 인허가 스케줄을 확보하라

푸드트럭을 그나마 합법적으로 장사할 수 있도록 해주는 경우 중 하나로 전국 지자체 축제를 들 수 있다. 그러므로 매월 전국에서 개최되는 축제를 '리스트 업' 해 놓는 것이 좋다. 그리고 미리 인가를 받도록 사전 서류작업을 해두는 것이 좋다. 물론 귀찮은 과정이지만 한번만 잘 만들어 놓으면 된다. 인허가라는 과정은 늘 시간이 많이 소요되기 때문에 미리미리 준비하는 자만이 승리한다.

★ 상생업종 운영자와 협업하라

푸드트럭을 운영할 때, 제한요건이 상당히 많다. 하지만 항상 비즈니스적 사고에 맞는 행동을 해야 한다. 처음부터 사업의 큰 그림을 그리고 천천히 현장을 확보하는 것이 중요하다. 푸드트럭에 음식과 궁합을 잘 맞출 수 있는 음악을 곁들이는 것도 좋다. 그리고 고객들이 음악을 들으면서 음식을 먹게 하는 거다. 지금은 길거리 음식점 주인이지만 10년 후 전국적인 프랜차이즈 기업가로 자리를 잡을 수도 있다.

여기에 덧붙이고 싶은 것은 본인이 운영하는 음식 아이템과 상생되는 아이템을 운영하는 다른 운영자와 좋은 관계를 유지하는 것이다. 물론 지역 축제 때, 나란히 자리를 잡고 포진해 장사를 하면 서로 시너지를 얻을 수 있다. 예를 들어 김밥을 판다면 옆자리에 떡볶이·순대가 있어야 하는 것과 같은 이치다.

★ SNS에 강해야 한다

트위터·페이스북·인스타그램·블로그 등을 자유자재로 다루고 고객들과 소통해야 한다. 21세기는 소통의 시대다. 소통에 능한 경영인이 돼야 한다. SNS에 운영하는 푸드트럭의 이야기를 매일매일 일기를 써 내려가듯 기록하는 것도 좋다.

그리고 무엇보다 하루 시간분배를 잘해야 한다. 푸드트럭 경영은 청소, 음식 만들기, 이메일 보내기, 동료와의 커뮤니케이션, 마케팅, 영업 등 할 일이 너무 많기 때문이다. 향후 다른 나라의 푸드트럭 현장을 관찰하기 위해 여행을 기획한다면, 배낭여행 하듯이 유럽 혹은 미국, 캐나다를 푸드트럭과 함께 돌아보는 것도 좋은 경험이 될 것이다.

★ 공용주차장을 최대한 활용하라

일본 도쿄에도 푸드트럭이 참 많다. 긴자와 같은 도심에도 푸드트럭이 밀집돼 있다. 그들은 주로 도심 공용주차장을 이용하고 있다. 그래서 긴자의 도심 속 점심시간에는 일군의 푸드트럭들이 고객들과 함께 장사진을 연출한다.

여러 가지 종류의 음식 중에서 골라 먹기를 원하는 소비자들을 위해 혼자 장사하는 것이 아니라 여러 푸드트럭이 한데 뭉쳐서 장사터를 만들고 관리해야 한다. 뭉쳐야 산다. 일반 메인음식을 파는 푸드트럭과 함께 커피, 도넛, 핫도그 같은 디저트푸드나 플라워트럭, 북트럭 같은 눈요깃거리가 한데 어우러져야 있어야 소비자들의 발길을 오래 끌 수 있다는 얘기다.

소비자 중심
소매협동조합이
답이다

유럽에는 동네마다 아기자기한 소매점들이 많다. 대형마트 혹은 대기업 편의점뿐인 우리나라와는 많이 다르다. 유럽이라고 해서 편의점이 없는 것도, 특별히 대기업을 규제하면서 소매점에 정부 지원을 늘린 것도 아니다. 결국 소매점들이 경쟁력을 갖고 있다는 건데, 그 비법은 차별화와 발 빠른 대응에서 찾을 수 있다.

스위스 융프라우 등산 열차를 타기 위해 인터라켄을 들렀을 때다. 인터라켄은 고지대에다 강변까지 끼고 있어서인지 바람이 심하게 분다. 이 때문에 종종 소매점(동네 슈퍼마켓)에 들러 온장고(溫藏庫)에 있는 데운 차와 과일을 사먹곤 했다. 흥미로운 점은 이런 동네 슈퍼마켓을 스위스 곳곳에서 쉽게 볼 수 있었다는 거다. 편의점과 대형마트에 밀려 동네 슈퍼마켓이 사라진 우리나라와 대비된다.

스위스에 즐비한 소매점들은 바로 미그로스(migros)와 쿱(coop)이라 불리는 생활협동조합(생협)이다. 생협이라고 해서 특별히 어려운 발걸음을 떼야만 만날 수 있는 우리나라의 생협으로 생각하면 곤란하다.

일단 규모부터 다르다. 미그로스와 쿱은 스위스 소매시장을 양분하고 있다. 미그로스는 스위스 최대 소매기업으로 조합원만 200만 명에 달한다. 또한 스위스에서 가장 많은 8만 3,000명의 노동자를 고용하고 있다. 쿱 조합원은 미그로스보다 많은 약 250만 명이다. 스위스 인구가 700만 명이니 스위스 국민 절반 이상이 미그로스 혹은 쿱의 조합원인 셈이다. 국민이 적극적인 시장 참여자 역할을 하고 있다는 거다.

미그로스와 쿱의 운영구조는 '수직통합 모델'을 기반으로 하고 있다. 제조 공장과 유통 매장을 보유하고 있어 생산부터 판매까지 모두 담당한다. 때문에 스위스의 수도 베른에서부터 알프스 산골짜기에 이르기까지 미그로스와 쿱 매장이 없는 곳이 없다. 규모가 큰 만큼 미그로스와 쿱은 스위스 국내총생산(GDP)의 8%를 책임지고 있다. 스위스에서 '스위스의 물가 안정은 미그로스와 쿱의 가격정책에 달려 있다'는 말이 나오는 이유가 여기에 있다.

그런데 미그로스나 쿱과 같은 소매점은 사실 스위스에서만 볼 수 있는 게 아니다. 형태는 조금씩 다르지만 유럽 전역에서 이와 비슷한 경쟁력을 갖춘 동네 슈퍼마켓들을 쉽게 접할 수 있다. 이처럼 유럽에 소매점이 발달한 데는 이유가 있다. 일단 지정학적 측면이 있다. 유럽의 국경이 완전히 허물어져 4,000㎞의 거리를 여권 검사도 없이 여행할 수 있게 됐다지만, 유럽은 엄연히 국가들이 모인 연합체다. 우리나라만한 국가 수십 개가 뭉쳐 유럽연합(EU)을 이루고 있다. 그만큼 생활 방식도, 소비문화도 다르다.

당연히 미국의 광활한 유통채널 방식보다는 아기자기한 소매방식이 이뤄질 수밖에 없다. 게다가 유럽인들은 구매를 하더라도 친사회 혹은 친환경 기업인지 따져가며 구매하는 성향이 강하다. 예컨대 종업원 관리에 문제가 있는 기업이라면 유럽에서 크게 성공하기는 힘들다.

만약 시간제 아르바이트의 임금을 악착같이 주지 않아 사회적 문제를 일으킨 유통 대기업이 있다면 해당기업 및 관련기업 제품이나 서비스 불매운동은 자연스럽게 자발적으로 소비자 보호차원에서 진행될 것이다. **우리나라 전반적인 유통에서 강화되어야 할 부분이 바로 소비자의 거부권인데, 앞으로 상당히 발전해야 할 부분으로써, 주체적인 현명한 소비자가 되는 길은 소비자 스스로의 권익보호차원에서 분명한 목소리를 내는 것에서 시작될 것이다.** 유통 대기업의 규모의 경제만으로 밀어붙일 수 있는 시장이 아니라는 거다. (사실 소비자의식이 남다른 유럽 소비자들처럼 우리나라 소비자 의식도 고양되었으면 한다. 갑질하는 유통업체가 시장에서 곧바로 퇴출당하는 시절은 언제 올지 모르겠지만, 지금부터라도 깨어있는 소비자들이 연합해서 해당 기업을 거부할 수 있는 소비자 운동으로 발전해야 한다)

소비자가 시장을 만든 유럽

또한 유럽인들이 미국이나 신흥 경제국들에 비해 전통적인 가치관을 간직하고 있다는 것도 소매점들을 살리는 원동력이다. 대량으로 생산하고 소비하는 미국의 유통채널 방식, 인건비를 낮추고 가격으로만 승부하는 우리의 방식과는 크게 다르다.

유럽에 아기자기한 소규모 점포나 매장이 비교적 잘 보존돼 있는 것도 이런 이유에서다. 그런 면에서 '스스로 쓸 만큼 생산해서 적당히 소비하는' 생협의 시스템은 유럽인들의 취향과 잘 어울린다.

유럽의 소매점들이 유럽의 문화와 가치관에만 기대서 성장한 건 아니다. 유럽에도 편의점은 진출해 있다. 하지만 현재의 소매점들이 대기업 편의점에 결코 밀리지 않는다. 오히려 편의점들이 전통적인 소매점과 비슷한 형태로 흡수되거나 소매점이 편의점과 차별화를 위해 지역 특성에 맞춰 다양한 형태로 탈바꿈하고 있다. 변화에 발 빠르게 대응하고 있다는 거다.

지역 농가와의 협업을 통해 로컬푸드(local food)**를 판매하는 사례가 대표적이다.** 요즘 소비자들은 안심하고 먹을 수 있는 친환경 식품을 원한다. 때문에 유럽에는 지역 농가들로부터 신선한 농산물을 제공받아 공급하는 소매점들이 늘고 있다. 소매점이 전통시장을 닮아가는 꼴이다. 협업을 통해 발생한 매출은 농가와 슈퍼마켓 혹은 편의점이 합리적으로 나누고 분배한다. 생산자와 유통업체가 모두 공생하는 형태다. 이런 유통 형태는 소비자 입장에서도 유용하다. 가장 가까운 동네 슈퍼마켓이나 편의점에서 품질과 안전성을 신뢰할 수 있는 농산물을 합리적인 가격에 구할 수 있어서다.

식사대용의 테이크아웃 식품이 편의점 인기품목이 된 것도 마찬가지다. 최근 다른 나라들과 마찬가지로 유럽도 경제 상황이 썩 좋지 않다. 때문에 외식비용이 줄어들면서 자연스럽게 편의점에서 제공하는 식사대용 식품들이 늘어나는 추세다. 네덜란드의 가장 큰 식품체인점인 알베르트 헤인(Albert heijn)이 운영하는 '알베르트 헤인 투고(To Go)'의 경우 매장 면적은 100~300㎡(약 30~90평) 정도지만, 24시간 가동하는 키친과 베이커리를 설치해 테이크아웃 식품을 제공하고 있다. 단순한 편의점에서 진화한 형태다.

트렌드에는 발 빠르게 대응

첨단기술을 접목하기도 한다. 유럽의 동네 슈퍼마켓이나 편의점, 중대형 마트 등 거의 모든 소매점들은 최근 무인판매대를 확대하고 있다. 휴대전화를 이용한 새로운 마케팅과 지불방식도 빠르게 자리잡아가고 있다. 벨기에의 슈퍼마켓 체인 델하이즈(Delhaize)가 세계 최초로 도입한 '모바일 셀프 스캐닝(mobile self scanning) 서비스'가 대표적인데, 이 서비스는 고객이 매장 내에서 휴대전화처럼 생긴 바코드 리더기를 들고 다니며 상품 값을 직접 계산, 지불하는 방식이다.

종합하건대 유럽의 소매시장을 통해 우리가 얻을 수 있는 교훈은 분명하다. 우리나라의 동네 슈퍼마켓들은 대기업의 입점 규제만 외칠 게 아니라 지역과 공생하는 소매점, 변화에 민감하게 대응하는 소매점, 천편일률적이지 않고 다양한 변화를 시도하는 소매점으로 거듭나야 한다는 거다. 동시에 소비자들은 갑질하는 소매기업은 시장에서 퇴출시키고, 소비자 친화 기업에게는 상당히 큰 시장의 기회를 주도록 소비자가 주체가 된 선별적 협력관계 형성이 필요해 보인다.

야구장과
사랑방의
'재미난 오버랩'

미국에 간다면 '야구장'을 가보길 추천한다. 디즈니랜드나 유니버설 스튜디오처럼 화려한 볼거리가 있는 건 아니지만 거기서만 누릴 수 있는 게 있다. 바로 '정(情)'이다. 미국의 야구장은 경기만 보러 가는 곳이 아니다. 바쁘다는 이유로 만나지 못한 친구를 만날 수 있는 '사랑방' 같은 곳이다.

미국에 가면 반드시 방문해야 하는 곳이 있다. '야구장'이다. 로스앤젤레스(LA)에는 오래된 대규모 야구장이 있다. 이름은 'LA 다저스타디움(LA Dodger Stadium)'. 지금으로부터 20년 전, 나는 미국으로 배낭여행을 떠났다. 여행 중 우연히 만난 일본인과 함께 버스를 타고 LA 다저스타디움에 도착했는데, 어마한 경기장 규모에 입이 다물어지지 않았다. 그 이후에도 LA에 가면 자주 들르는 곳이기도 했는데, 놀라운 건 크기만이 아니었다. 미국 야구장은 체계적인 시스템을 갖추고 있었다. 야구장 티켓은 미리 인터넷으로 구매를 할 수 있는데,

차를 몰고 오는 관중은 티켓에 표기된 해당 좌석에서 가까운 구역에 주차를 할 수 있었다. 야구장 입구에 배치된 주차요원이 관중에게 주차할 수 있는 공간과 위치를 상세히 알려주기 때문이었다. 덕분에 수십만 대의 차량은 막히지 않고 일사불란하게 지나갔다. 수많은 차량이 엉킴 없이 물 흐르듯 빠진다는 사실이 놀라웠다. 미국의 질서 정연함을 본 순간이었다.

야구장엔 다양한 인종이 있었다. 대부분 백인과 멕시칸이었고, 나와 같은 동양인도 간혹 보였다. 경기장을 가득 채운 수십만 대의 차량과 인파가 질서정연하게 움직이는 것을 보니 기분이 묘했다. 좌석을 찾아 자리에 앉아 경기를 기다리고 있는데 생소한 광경이 펼쳐졌다. 관중들의 손에 핫도그가 들려 있는 거였다. 주변을 둘러보니 경기장 뒤편에 핫도그 판매 코너가 있었다.

그제야 나는 알 수 있었다. 미국의 야구경기장 저녁 메뉴는 핫도그나 샌드위치였던 것이다. 명물 야구장답게 핫도그를 'Dodger's Dog'라고 불렀다. 기발했다. Dodger's Dog 세트는 감자칩과 핫도그인데, 상자에 담겨 나왔다. 비록 일회용품이지만 친환경 소재라서 환경오염을 걱정할 필요가 없었다.

요기를 채운 후 본격적으로 야구를 관람했다. 경기 진행은 한국과 동일했다. 다만 다른 점이 있다면 치어걸이나 응원단장이 없다는 거였다. 앞에서 호응을 이끌어내는 사람이 없는데도 야구장 분위기는 뜨겁게 달아올랐다.

왜 그럴까. 이유는 별 다른 게 아니다. 경기의 흐름을 깨거나 방해

받을 일이 없기 때문이다. 응원하느라 정작 경기에 집중하지 못한 경험이 있는 사람이라면 공감할 것이다. 그렇다고 응원이 아예 없는 것은 아니다. 분위기가 무르익으면 관중들이 자연스럽게 파도타기를 하는데, 여기에 자신이 응원하는 팀을 외치며 일어났다가 앉는다.

미국의 야구경기장도 한국처럼 볼거리가 많다. 쉬는 시간엔 야구장 전광판에 재밌는 정보가 뜨고, 캐릭터 혹은 유명인사로 분장한 야구팬을 카메라가 비춘다. 인기야구선수의 인터뷰 영상도 나온다. 쉬는 시간에 야구팬들이 지루하지 않도록 볼거리를 제공하는 것이다. 배려심이 느껴졌다.

그렇다면 야구장은 경기를 보러 가는 곳일까. 반은 맞고, 반은 틀리다. 내가 체험한 미국의 야구장은 경기만 보러 가는 곳은 아니었다. 그동안 못 만났던 친구나 선후배를 만나 이야기를 나눌 수 있는 곳이었다.

친구와 정 나누는 미국 야구장

내 앞에 앉은 3명의 남성은 멋진 신사복에 넥타이를 맨 비즈니스맨이었다. 그들은 주거니 받거니 쉴 새 없이 이야기를 나눴다. 사업이야기를 하기도 하고, 가족의 안부를 묻기도 했다. 경기장에서 그들이 나눈 이야기는 야구가 아니라 세상사는 이야기였다. 서늘한 바람이 부는 평일 저녁시간, 미국 야구장은 친구와 이야기를 나누기에 알맞은 장소였다. 바쁘다는 이유로 친구와 나누지 못했던 정을 누리는 곳인 셈이다.

그렇다. 미국의 야구장은 한국의 '사랑방' 같은 곳이다. 믿어지는가? 야구장이 사랑방이라는 내 주장을.

우리 주위에는 이처럼 전혀 이질적인 것들이 서로 긴밀하게 연관되어 유기체적으로 움직일 수 있는 비즈니스 파트너가 있을 수 있다. 이것이 바로 '업'의 핵심인 것이고, 우리가 여기에 집중해야 하는 이유다.

'넘버원'이 아닌 '온리원'이다

아날로그에서 디지털로 패러다임이 전환된 지 오래되었다. 지금까지 주로 하드웨어를 중심으로 발전했다면 앞으로 전개되는 세상은 소프트웨어와 콘텐츠가 중요하다. 제3의 물결을 지나 제4의 물결 시대에서 무엇이 중요한지는 이세돌 바둑9단과 AI의 격돌을 봐서 잘 알지 않겠는가.

몇 년 뒤 우리에게 닥칠 미래는 상상 이상일 것이다. 인간과 비교할 수 없을 정도로 개량된 인공지능을 장착한 로봇으로 인해 사람들의 경쟁력은 무엇으로 판별이 될 것인가. 단연코 인간이 지닌 창조력과 상상력이 중한 세상인 셈이다. 디지털 세상은 1등만 살아남는 살벌한 세상일 것이다. 이런 무한경쟁의 시대에 누가 과연 넘버원일 것인가. 로봇이 절대 따라 올 수 없는 그야말로 나만 할 수 있는 온리원 재능과 심성(心性), 그리고 실력을 갖추어야만 생존할 수 있을 것이다. 나만의 노하우 그리고 나만의 콘텐츠를 위해 지금부터 변해야 한다. 선진도시에서 진행 중인 온리원 전략은 비단 선진도시만의 문제는 아니다. 바로 당신 그리고 우리의 당면한 문제인 것이다.

재개발에 필요한
'Only One'

세계 여러 도시에서 오래된 건축물이 많아진 일정공간을 재개발하려는 움직임이 진행되고 있다. 그중 도심재개발의 표본은 미국 'LA 라이브'다. 이곳은 2005년까지 주차장이나 빈 땅으로 방치된, 그야말로 부랑자가 모이는 음침한 거리였다. 그러나 지금은 연간 1,500만 명이 찾는 LA의 최고 관광명소가 됐다.

LA 라이브는 3년여에 걸쳐 개발비용 25억 달러(약 2조 7,000억 원)가 투입된 복합문화공간이다. 뉴욕의 타임스스퀘어를 모델로 개발됐다. 각종 레스토랑과 영화극장 그리고 고급호텔·콘도 복합건물이 점차 모습을 드러내고 있다.

복합문화로 승부 건 LA 라이브

지금까지 개관한 복합문화공간의 면모를 살펴보면, 그래미 박물관, 스포츠채널 ESPN 지국, 프로농구팀 LA 레이커스의 홈구장인 스테이플스센터, 최신식 영화관, 그래미상 시상식 때 각종 이벤트가 열리는 '노키아 극장(Nokia Theatre)'과 '클럽 노키아(Club Nokia)', 제니퍼 로페즈가 소유주인 'Conga Room' 나이트클럽 등 엔터테인먼트 부문별 대표주자가 한데 모여 있다. 리츠칼튼·메리어트호텔과 나이트클럽, 바(bar), 15개 유명 카페와 레스토랑도 둥지를 틀고 있다.

그래서 이곳을 방문한 사람들은 이 지역에서 관람하고, 먹고, 즐기고, 숙박까지 원스톱(one stop)으로 해결할 수 있다. 개발이 아직 진행 중이기 때문에 앞으로 들어설 문화공간이 더욱 기대된다. 우리나라처럼 좁은 땅에 많은 사람이 거주하는 지역을 개발하기 위해 '벤치마킹' 할 만한 사례로 보인다.

LA 라이브의 개발전략은 온리원(Only One)이다. 오로지 LA에서만이 가능한 콘텐츠를 모아 모아 전 세계를 상대로 차별화된 프로그램을 선보이고 있다. 다시 말해 NBA 경기·에미상·그래미상 등 시상식 행사를 중심으로 고급 콘텐츠를 보면서 즐길 수 있는 곳이 전 세계에서 LA 라이브밖에 없다는 전략이다.

일본의 '롯폰기힐스'도 도심재개발 프로젝트의 성공모델 중 하나다. 땅 주인이 5,000명에 달하는 롯폰기힐스는 1,000번이 넘는 개발회의를 거쳐 재개발에 성공했다. 공사기간은 3년여가 걸렸다. 무려 10년이 넘는 기간 지주와 세입자를 설득해 최상의 보상을 받게 한 것은 우리에게 시사하는 바가 크다.

롯폰기힐스가 각광을 받는 것은 이처럼 힘든 개발과정을 지혜롭게 해결하고 극복한 데 있다. 또한 개관 이후에도 모든 시설을 100%

임대운영하고 있는 것도 눈길을 끈다. 분양 이후 손을 떼는 한국의 개발업자들과 전혀 다른 모습이다.

미국의 LA 라이브와 일본의 롯폰기힐스 성공사례를 보면 몇 가지 공통점이 있다.

첫째는 양쪽 모두 **도심 재개발**이다.

둘째는 **주관사가 모든 시설을 임대·관리한다**는 점이다.

셋째는 **온리원 전략을 채택**한 것이다.

여기에 한 가지 더한다면 **복합문화를 제공하고 있다**는 점이다.

롯폰기힐스 개발 회의만 1,000번

초고층 빌딩이 높거나 거대하다고 도심재개발이 성공하는 건 아니다. 하드웨어를 가지고 경쟁하던 시절은 지나갔다. 지역주민뿐만 아니라 전 세계 관광객이 자발적으로 가고 싶은 관광명소로 인식될 수 있도록 만들어야 '일류 관광 브랜드'로 거듭날 수 있다.

서울도 도심재개발 사업이 한창이다. 하지만 개발방식을 둘러싸고 곳곳에서 잡음이 들려온다. 어떤 콘셉트로 재개발을 하고 있는지도 알 수 없다. 무조건 아시아에서 가장 높은 건물, 국내에서 가장 큰 매장에 목숨을 거는지도 모르겠다.

하나를 개발하더라도 제대로 개발해야 한다. 이런 **도심재개발 사업의 성공여부가 온리원 콘텐츠 제공에 있음**을 잊지 말아야 한다. LA 라이브, 롯폰기힐스가 주는 교훈이다.

'슈니발렌'과
'공차'의 진짜 뜻을
아십니까?

'망치로 깨먹는 과자', '강남 과자' 등 다양한 수식어로 불리는 슈니발렌. 고급 디저트 열풍의 중심에 서있는 슈니발렌 과자는 독일산이다. 그런데 독일의 슈니발렌 과자는 원래 망치로 깨먹는 과자가 아니다. 우리나라에 들어오면서 새로운 콘셉트로 재탄생한 셈이다. 과연 어떤 과정을 거쳐 새롭게 변신에 성공을 했을까 궁금하다. 바로 당신이 해외에 나갈 때 '모든 걸 유심히 봐야' 하는 이유다.

대부분의 사람들은 여행을 떠나고 싶어 한다. 일상에 지친 현실을 잠시나마 잊고 싶어서인지 모른다. 우리나라 해외 여행객 수도 매년 증가세다. 우리나라에서 세계 일주를 통해 유명해진 분이 몇 분 계신다. 내가 초등학교 시절, 한 어린이신문에 세계 일주 여행기를 연재한 고(故) 김찬삼 교수는 세계 일주를 세 차례나 했다고 한다. 순수 여행시간만 14년에 지구를 32바퀴나 돈 셈이라니, 놀랄 만한 기록이다. 최근엔 세계에서 손꼽히는 오지만 골라 돌아다닌 한비야

씨도 눈에 띤다.

세계 일주라는 테마에 나도 살짝 발을 들여놓으면, 나는 철저하게 선진도시만 돌아다녔다. 왜 그랬을까. 결론만 말한다면 내가 진행할 사업의 인사이트, 세상의 흐름인 트렌드를 알고 싶었기 때문이다. 나아가 내가 먼저 본 트렌드 콘텐츠를 가지고 강의와 컨설팅을 우리나라에서 가장 먼저 전개할 수 있기 때문이다.

대한민국이 여행 자유화를 선포한 1989년 나의 비즈니스 방랑은 시작된다. 기름 한 방울 나지 않는 있는 나라, 자원이라고는 머리 좋은 인재만 득실대는 나라에서 과연 무엇을 해야 서민이 잘 먹고 잘 살 수 있을까. 남들이 미국이나 영국 유명대학에 가서 박사학위를 따기 위해 도서관에서 책과 씨름할 때, 나는 세상의 현장을 알고 싶어 이 골목 저 골목을 뒤졌던 세월이 벌써 28년이다. 그래서 책상에서 공부만 한 박사 출신 교수보단 현장에 강하고, 실물경제에 강한 편이다.

우리가 트렌드 여행을 떠나야 하는 이유는 간단하다. 해외 선진국에서 사업 아이템을 가져와 국내에서 성공한 사례가 넘치기 때문이다.

예를 들어 보자. 우리나라에서 판매하는 '슈니발렌'은 독일 로텐부르크 지역의 전통과자인 '슈니발'을 변형해 만든 제품이다. 중세도시 로텐부르크에는 유명한 상징과 특화 상품이 많은데, 그중 으뜸은 영어로 스노볼(Snow ball)이라고 불리는 과자다. 최근 우리나라 서울 유명 백화점이나 지하철, 심지어 길거리까지 이 동그란 과자를 볼 수 있다. '망치로 깨먹는 과자', '강남 과자' 등 다양한 수식어를 모으고 있는 독일과자 슈니발렌. 바로 이곳에서 탄생한 상품이다. 독일의 슈니발렌 과자는 원래 망치로 깨먹는 과자가 아니라 촉촉한 부드러운 과자를 뜻한다. 우리나라에 들어오면서 새로운 콘셉트로 재탄생한 셈이다.

원래는 우리나라의 호두과자처럼 독일의 중세마을인 '로텐부르크'라는 작은 마을의 명물로서 튀겨서 뜯어먹는 과자였지만 한국으로 오면서 하드타입으로 바꿔서 대량생산하기 시작한 것이다.

슈니발렌 과자가 단시간 내에 인기를 얻게 된 이유도 '망치로 깨서 먹는 과자'라는 콘셉트로 소개해 세간의 이목을 집중시킨 덕이다. 또한 달콤한 뭔가를 먹고 싶어 하는 현대인들의 욕구를 충족해 주었기에 빠른 인기를 받은 것이다. 초콜릿이나 조각케이크 등 메뉴가 한정된 기존 디저트 시장에서 과자라는 새로운 메뉴에 한국 특유의 나눠먹는 문화와 망치로 깨먹는 재밌는 퍼포먼스가 더해진 결과라는 관측이 많다. 또한 첫 1호점을 강남 신세계백화점에서 오픈한 것이 고급이미지를 더해 더 좋은 반응을 얻게 되었다.

'망치로 깨먹는 과자'라는 스토리텔링으로 더욱 유명세를 치르게 되었는데, 나무망치를 이용해서 깨먹는 퍼포먼스는 소비자에게 신선하게 다가왔고, 한국인만의 정서인 '나눠먹는다'라는 특성을 최대한 활용한 점은 앞으로 개발할 히트상품의 키워드로 기억할 만하다.

또 다른 사례로는 프랜차이즈 사업으로 큰돈을 벌어 외국계 사모 펀드에 회사지분을 판 '공차'다. 2012년 홍익대 1호점을 시작으로 2

년 새 240개 매장으로 사세를 확장한 '버블티'의 대명사다. 버블티는 기존 음료에 버블, 이를테면 열대작물인 카사바의 뿌리에서 채취한 식용 녹말로 만든 작고 동그란 '타피오카 펄'을 넣어 마시는 음료다.

최근 몇 년 간 젊은 층으로부터 무한 사랑을 받은 아이템이다. 이 사업을 펼친 여자 사장이 사업을 시작하게 된 계기는 평범했다. 은행에 다니던 남편의 금전적 도움을 주기 위해 창업을 한 것이 대박을 터뜨린 것이다. 2007년에 남편을 따라 잠시 싱가포르에 가서 살면서 공차의 버블티를 접하게 되었고, 이것을 국내로 들여와 팔면 장사가 잘될 것 같다는 생각이 들었다는 아주 간단하고 단순한 생각이었단 점이다. 이 '공차'를 수입해서 성공시킨 후 회사지분을 팔아 340억 원의 거부가 된 젊은 여자주인공도 잠시 살고 있었던 싱가포르에서 발견했다는 점을 기억하라.

앞으로 세계 여러 도시의 골목골목을 가다가 신기한 음식이나 상품이 있으면 세밀히 연구하고, 한국적으로 재해석하길 바란다. 이를 시장에 론칭하는 순간 뉴비즈니스의 문이 활짝 열릴 수도 있다. 해외여행을 하면서 어느 조그마한 도시에서 그곳에서만 볼 수 있는 색다른 전통 음식이나 먹을거리를 만나는 일은 흔하다. 잠깐의 군것질거리일 수도 있지만, 이 음식 하나하나가 앞으로 새로운 사업거리가 될 수도 있는 것이다.

내가 늘 주장하는 돈 될 만한 트렌드만을 찾아 떠나는 '트렌드 투어'를 가야 하는 이유가 여기에 있다.

큰 꿈을 꾸는 대한민국의 도전자들이여! 세상은 분명 넓고 도전해

볼 만한 일이 많다. 그때는 멀리 있는 것이 아니라 당신의 눈앞에 바로 있음을 잊지 말기를 바란다.

전통시장이
자생력을
가지려면…

소비자로 북적이는 세계의 전통시장에는 나름의 특징이 있다. 세계 유명한 전통시장을 조사한 결과, 전통시장과 성격이 비슷한 업종을 함께 묶고, 벼룩시장으로 소비자에게 감수성을 제공하면서 생산자과 소비자가 직접 만나는 교류의 장으로 만들었다는 점이다. 관광을 테마로 활성화 방안을 찾고 있는 국내 전통시장이 배워야 할 점이다.

전통시장 지원방식에 변화가 일고 있다. 중소기업청 산하기구인 소상공인시장진흥공단이 '2013년 시장투어 사업'을 진행하면서다. 나는 관광을 테마로 한 전통시장 활성화 방안을 몇 가지 제안하고자 한다.

하나. '전통시장과 성격이 비슷한 업종을 묶어 경제적 시너지 효과를 내라.'

전통시장의 특성상 주요 고객층은 중장년층이다. 하지만 시장 활성화를 위해서는 젊은 층을 선도고객으로 삼아야 한다. 젊은 소비자를 끌어들이기 위해 한국인이 좋아하는 테마를 전통시장과 묶어 전개하라는 얘기다.

전통시장과 결합이 가능하면서 모든 세대가 함께 즐길 수 있는 아이템으로는 '온천'이 좋다. 도심온천과 전통시장을 결합하면 놀라운 효과를 얻을 수 있다. 그 사례가 있다. 일본 도쿄(東京) 도심 오다이바에 위치한 '오에도(大江戶) 온천'을 살펴보자.

오에도 온천은 중장년층 고객으로 연일 성황을 이룬다. 특히 오전 11시에서 다음날 오전 9시까지 운영하는 테마형 욕장과 야외에서 즐길 수 있는 욕장이 인기다. 오에도 온천에 사람이 몰리는 이유가 있다. 다양한 편의시설을 갖춘 도심형 온천이 전통시장과 딱 맞아떨어져서다. 하루 반나절은 전통시장에서 장을 보고, 반나절은 가족들과 온천에서 피로를 풀 수 있다. 하루 관광 프로그램으로 손색이 없는 것이다.

둘. '골동품을 십분 활용하라.'

물질이 넘쳐나는 시대에 소비자의 눈길을 끌기는 참으로 어렵다. 방법이 없는 건 아니다. '골동품'을 활용하면 새로운 콘셉트의 시장을 만들 수 있다. 골동품은 향수를 불러일으키는 제품이자 흥정이 가능한 상품이기 때문이다. 무엇보다 전통시장과 성격이 잘 맞는다.

영국 런던 포토벨로 마켓(Portobello Market)은 유럽의 대표적인 벼룩시장이면서 전통시장이다. 은·금으로 만든 가공품과 앤티크 제품이 소비자의 발길을 사로잡고, 옛날 카메라와 클래식한 찻잔은 박물관에서 역사를 보는 것 이상의 감성을 불러일으킨다. 골동품과 전통시장이 주는 특유의 감성이 새로운 시장을 형성한 것이다.

셋. '파머스마켓으로 전통시장의 새로운 활로를 찾아라.'

세계 관광객이 미국 로스앤젤레스에 도착하면 반드시 방문하는 곳이 있다. 파머스 마켓(Farmer's Market)이다. 파머스 마켓은 전통시장을 보호하는 미국 도시의 정책이다. 지역 농민이나 수산업 종사자가 직접 가꾸고 생산한 먹을거리를 가지고 나와 소비자와 직접 만난다.

전통시장이 사람과의 교류가 가능하다는 점을 경쟁력으로 삼은 것이다. 농약을 치지 않은 친환경 농축산물을 도시의 소비자와 연결한 오프라인 방식에 소셜네트워크 서비스를 활용해 온라인 마케팅을 펼쳤다. 그 결과 주부들은 가족에게 안전한 먹을거리를 공급하기 위해 전통시장을 찾았고, 파머스 마켓은 농부와 소비자가 직접 만나는 공간의 대안으로 떠올랐다.

넷. '적극적인 흥정을 전통시장만의 무기로 삼아라.'

전통시장과 현대식 대형마트의 가장 큰 차이점은 '가격 흥정'이다. 가격을 놓고 상인과 소비자가 흥정하는 긴장감은 전통시장만의 묘미다. 대표적으로 일본 도쿄 우에노 아메요코 시장이 그렇다. 고객과 가격을 흥정해 최종 소비자가 가격을 결정하는 방식을 채택한다. 고객에게 어린 시절 추억을 되새겨주고, 외국인 관광객에게는 즐거움을 선사한다. 이런 이유로 방문객의 30% 이상은 외국 혹은 도쿄가 아닌 다른 지역에서 찾아온 관광객이다.

한국의 전통시장이 주목할 점이 여기에 있다. 전통시장과 성격이

비슷한 업종을 함께 묶고, 벼룩시장으로 소비자에게 감수성을 제공
하면서 생산자과 소비자가 직접 만나는 교류의 장을 만드는 것이다.
국내 전통시장의 변신은 지금부터다.

신주쿠
이세탄백화점은
우리네
유통의 미래

일본에는 일본 전체 경제 및 백화점 업계가 마이너스 성장을 계속하는 가운데서도 남달리 성장을 지속해 온 백화점이 있다. 바로 이세탄 백화점이다. 이세탄 백화점은 2008년에 일본에서 가장 오래된 미쓰코시 백화점과의 경영통합으로 업계 1위로 변신에 변신을 거듭하고 있다. 그래서 그런지 우리나라 유명 백화점 모두 이세탄 백화점 배우기에 혈안이다.

나는 일본 도쿄 시장조사를 가게 되면 항상 신주쿠에 있는 이세탄 백화점을 구석구석 조사한다. 그런 이세탄백화점이 수년에 걸쳐 전관 리뉴얼을 2015년 3월에 완료했다. 이세탄 신주쿠 본점은 이번 리뉴얼을 통해 집객률을 40~50%까지 확대할 계획이며 진정한 패밀리 고객 방문이 이뤄지는 백화점으로 거듭나겠다는 청사진을 세웠다.

그래서 나는 이번 매장 개편을 유심히 조사하다보니 앞으로 약

3~5년 후, 우리나라 백화점의 미래가 보이기 시작한다. 그 이유는 내가 5년 전에 보았던 이세탄백화점 매장의 변화된 모습을 5년이 지난 현재 우리나라에서 거의 똑같이 보고 있으니 말이다. 이것이 신주쿠에 있는 이세탄(isetan) 백화점의 전관 리모델링 내용을 자세히 알아보는 이유다. 즉, 몇 년 후에 우리에게 다가오기 때문이다. 가장 큰 변화를 준 매장 몇 군데를 살펴보자.

우선, 지하 2층에 개설된 '뷰티 아포세카리(Beauty Apothecary) **매장'을 살펴보자.**

이 매장에서는 과연 어떤 제품과 서비스를 하는 것인가? 고객을 복도에서 마주친 여성 점원은 바로 서서 목례를 하고 지나친다. 다소 한적한 매장에서 점원의 서비스 수준은 상당해 보인다. 우리나라에서는 전혀 볼 수 없는 광경이다. 물론 이런 서비스가 이세탄 백화점의 모든 매장에서 적용되는 룰은 아니다. 어느 정도 럭셔리한 매장에서만 가능한 접객태도이다.

그리고 아무나 뷰티 아포세카리 매장을 들어 올 이유가 없다. 왜냐하면, 지하 2층에 위치해 있기 때문이다. 지하 1층에는 우리가 알고 있는 식품관 매장 형태. 당연히 수많은 사람들이 저녁꺼리를 구입하러 다니느라 분주하다. 하지만 한층 밑은 상당히 조용하고 고급스럽다.

그 이유는 무엇일까 궁금해진다. 그리고 매장 점원들의 유니폼이 '푸른색 약사복'처럼 보이는 제복을 모두 착용하고 있다. 이는 약사의 이미지를 줌으로서 좀 더 전문화 되고 세련된 인상을 받게 만드는 것은 아닌지 싶다. 여기서 정말 인상적인 부분은 매장에서 완전히 떠나는 판매직원은 매장을 향해 인사를 정중히 하고, 직원통행로를 따라 문을 열고 매장을 나간다. 이는 일종의 신성한 의식으로 보인다. 내가 일을 할 수 있는 일터에 대한 예의라 할 수 있다. 우리에게 매장은 어떤 의미일까 생각하게 만드는 대목이다.

지하 2층의 뷰티 아포세카리 매장은 '여성 라이프 클리닉'(Life Clinic)을 주제로 만들어 졌다. 여기에는 8개의 영역(zone)으로 나눠져 있는데,

ZONE 1: Face	세계 30대 브랜드 엄선, 스킨케어, 카운슬링 가능
ZONE 2: Body	바디케어, 헤어케어, 욕실용품 등
ZONE 3: Inner support	몸에 좋은 드링크류
ZONE 4: Healing	향기제품, 디퓨져, 캔들 등
ZONE 5: Meal at home	내셔널 푸드, 조미료, 미네랄 음료, 와인 등
ZONE 6: Hatake cafe & deli	카페 & 델리
ZONE 7: Spa by uka zone	토탈뷰티 살롱 운영
ZONE 8: Park / promotion	미용에 관한 모든 정보 및 책

이처럼 8개 영역 등으로 세분화 시킨 그야말로 품격 있는 여성으로 재탄생을 시킬 수 있는 제품과 서비스로 충만해 보인다.

두 번째로 심혈을 기울인 매장은 6층 매장이다. 6층의 아동/유아 매장을 임산부, 베이비와 미취학 아동 층에 집중해서 개발했다. 이

층에는 '마터니티 & 뉴본 존(Maternity & New Born Zone)'과 '스쿨라이프 (School life)' 존, '코코이쿠(Cocoiku)' 섹션 등이 신설되었다.

마터니티 & 뉴본 존(Maternity & New Born Zone)은 부모의 가치관과 아이의 발달 환경에 따라 지혜와 감성을 키울 수 있는 섹션이다. 임산부의 산전, 산후 고민 상담이 가능한 코너도 마련해서 하나밖에 없는 귀한 자식에 대한 끝없는 사랑을 백화점 매출로 연결해 놓았다.

그리고 '스쿨라이프(School life)' 존에는 신발, 수영복, 가방 등의 시즌 상품과 다채로운 잡화를 제안했다. 유치원, 초등학교 등 아이의 아웃라이프에 맞춘 아이템을 주로 선보인다.

여기서 눈에 띄는 개념의 매장은 '코코이쿠(Cocoiku)**' 섹션이라는 매장이다.** 이곳에서는 거의 매일 유아동 클래스(Class)가 열린다. 여기에서는 아이들의 '창조성'을 기르는데 집중교육 전문가들이 상주하며 다양한 클래스를 선보이고 있다. 아이들의 '창조성'에 집중했다는 점을 기억하자.

그리고 이세탄은 실버 층이 아니라 지금 자라나는 아동, 유아 층에 집중했다는 점도 기억하자. 이곳의 전체적인 분위기는 우리나라 백화점에서 진행하는 문화센터의 상급 버전이라 생각하면 이해하기 쉬울 것 같다.

보이지 않는
시장 너머를 보라

세계적인 글로벌 기업인 P&G는 2005년 면도기업체 질레트를 570억 달러에 인수했는데, 그 이유는 종합생활용품 기업을 추구하려는 전략에 따라 취약한 남성용 생활용품 부문을 강화하기 위해서였다. 당연히 보기 좋게 성공했다. 또 다른 사례도 있다. 펩시는 '퀘이커오츠'를 인수함으로서 주스와 스포츠 음료시장까지 사업영역을 넓히는 데 성공했다. 이는 탄산음료 시장이 점점 위축될 것이라는 예측이 가능했기 때문이다.

이처럼 트렌드의 변화가 분명히 보이는데도 불구하고 움직이려 하지 않는다는 것은 그야말로 직무유기라고 밖에 볼 수 없다. 시장은 생물체이므로 시시각각 변해가고 있다. 이런 변하는 시장에서 살아남는 차원이 아니라 초일류로 번영하려면 일류 마케터는 어떻게 해야 할까? 정답은 시장 너머의 세상을 미리 예측할 수 있어야 한다는 것이다. 미래를 예측하려면 각종 정보를 섭렵한 후에, 현장에서 답을 찾는 것이 가장 빠른 방법이다.

숲을 알아야
나무가 보인다

해외에서 돈 버는 아이템을 찾으려면 무엇이 필요할까. 먼저 사전 정보를 찾아야 한다. 어느 도시를 가야할지, 그 도시의 트렌드는 무엇인지 등에 대한 정보가 필요하다. 인터넷을 비롯해 여행서적도 꼼꼼하게 살펴야 한다. 특히 중요한 것은 지도(Map)다. 도착지를 가장 안전하고 빠르게 안내해 준다.

사업 아이템을 찾아 떠나는 비즈니스 해외여행은 조금 비장해야 한다. 여행이나 여유를 위한 여행과는 달라야 한다. 그렇다면 무엇이 필요할까.

우선 인터넷을 최대한 활용해 보자. 여행 관련 사이트나 블로그는 생각보다 많다. 가고자 하는 도시와 관련된 내용 위주로 자료를 스크랩해 정리한다. 해당 장소에 가는 방법, 중점적으로 체크해야 할 사항, 위험도 등 모든 것을 미리 그려보는 도상훈련을 해본다. 이렇게 하면 그곳에 가서 어떻게 행동해야 하는지 확실하게 그림을 그릴 수 있을 것이다.

물론 가상 시나리오가 있더라도 현지에 가면 돌발변수가 터지게 마련이다. 때문에 예상대로 흘러가지는 않을 것이다. 하지만 기본 행동 동선과 시나리오도 없이 무작정 떠나는 것은 위험요소가 너무 많다.

한 가지 덧붙인다면 **해당 도시의 도착 시간이 오전이냐 오후냐에 따라 동선계획을 별도로 만드는 치밀함도 필요하다.** 여기에 낯선 사람과의 인적네트워크 형성도 생각해야 한다.

두 번째는 여행소개서다. 일반적으로 여행소개서의 목차를 보면 정보 위주인지 신변잡기 위주인지를 알 수 있다. 여행 관련 서적의 대부분은 해당 도시의 여러 곳을 소개하다 보니 원하는 정보가 미흡하거나 아예 없는 경우가 많다. 하지만 인터넷 자료와 비교해보면 나름대로 해당 도시와 장소에 관한 윤곽을 잡을 수 있다. 구매한 책은 적어도 3번 이상 정독해야 한다. 그래도 해당 도시의 궁금함이 풀리지 않으면 책 저자에게 연락해서라도 해결해야 한다. 아마 저자도 질문을 열심히 하는 당신을 적극적으로 도와주려 노력할 것이다.

세 번째는 **해당 도시에 가서 만날 사람을 미리 찾아내야 한다.** 전문가를 만나 해당 도시의 트렌드와 실상을 듣는다면 얼마나 도움이 되겠는가. 물론 전문가를 만난다는 것이 사실상 불가능할지도 모른다. 그렇다고 처음부터 포기할 필요는 없다. 해당 전문가를 찾은 후 만나야 하는 당위성(?)을 만들어 전달하는 일부터 시작해보자. **현지에서 전문가를 만난다면 자신감과 긍정마인드는 높아질 것이다. 현지 전문가도 당신의 용기에 칭찬과 격려를 보여 줄 수도 있다.**

현지 전문가를 만나기 위한 노력의 첫 번째는 나를 알리는 것이다. 내가 누구이며, 어떤 꿈과 야망을 지닌 인물인지를 잘 호소해야 한다. 이럴 때 필요한 것이 영어로 된 명함이다. 나를 알리기 위해 명함 설계에도 신경 써야 한다. 현지 전문가와 만나서 질문하고 답에 대한 내용을 이해하는 수준의 영어실력을 미리 갖추어야 된다는 것은 잘 알고 있으리라 본다.

이제 현지에 도착했다. 내가 태어나고 자란 도시라면 눈 감고도 어디에 무엇이 있는지 알 수 있다. 하지만, 처음 도착한 도시는 낯설다. 지도 정보를 미리 확보해서 머릿속에 많이 입력해야 한다. 지도는 그야말로 최고의 정보원이다. 최근에는 스마트폰에 깔린 앱(app)을 최대한 활용만 잘하면 현지에서 편안하게 여행을 할 수 있는 세상이다. 그렇다면 자신감과 도전의식이 최고조로 올라가 현지인과 비슷하게 행동할 수 있게 만든다. 물론 인쇄된 도시 지도와 지하철 노선도 등도 있다.

하지만 전체 숲을 보고 나무를 찾는 방법이 도착지를 가장 안전하고 빠른 시간 내에 도착할 수 있는 방법이다. 지도는 현지 언어를 모르더라도 불편 없이 목적지에 도착할 수 있게 도와준다. 지도가 없다면 가고자 하는 목적지를 말해도 다른 곳을 가르쳐 줄 수도 있다. 발음하는 단어가 다르기 때문이다.

최근에는 스마트폰의 보급 증가와 여행 수요 증가가 맞물려 스마트폰용 여행 애플리케이션이 출시되고 있다. 위치정보 시스템을 이용해 여행지에서 촬영된 사진에 해당 위치의 여행 정보를 중첩해 표시해주는 증강현실을 이용한 앱 등이 인기다.

이밖에 여행자 리뷰와 의견을 토대로 최저가 항공편, 최고의 호텔, 근사한 음식점, 관광명소를 찾을 수 있게 도와주는 정보공유형 앱도 유용하다.

하지만 아무리 스마트폰 앱이 발달해 해당 지역의 지도 혹은 나침반이 불필요해도 길만은 오프라인 인식으로 찾는 게 좋다. 지역 주민에게 쉽게 다가가는 첫 번째 방법은 그들만의 방식으로 그들만의 문화를 접하는 것이다.

메가트렌드를
관통하는
마이크로트렌드 보는
10가지 방법

　기업이 100년 넘게 장수하기 위해서는 어떻게 해야 할까. 결론은 시대의 흐름을 정확히 읽어야 한다. 무엇보다 중요한 것은 메가트렌드(Mega trend)를 읽는 것이다. 그다음이 유명 도시에서 벌어지고 있는 마이크로트렌드를 파악하는 거다. 메가트렌드와 마이크로트렌드의 교차점에 서면 미래가 보인다.

　1957년 미국 잡지 포춘이 선정한 '세계 500대 기업' 중 지금까지 생존해 있는 기업은 3분의 1에 불과하다. 대한상공회의소 자료에 따르면 우리나라 1,000대 기업의 평균 수명도 27.2년에 불과하다. 그런데 대부분은 창업을 하면서 100년 기업을 꿈꾼다. 그렇다면 경제 불확실성과 주기적으로 찾아오는 경제위기를 뚫고 기업이 100년 넘게 장수하려면 무엇을 어떻게 해야 할까.

　결론적으로 **기업이 오래 살아남기 위해서는 시대의 흐름을 정확**

히 읽어야 한다. 이를 위해서는 먼저 메가트렌드(Mega trend)를 알아야 한다. 이 메가트렌드는 전 세계 경제 관련 단체 혹은 미래학자가 친절히 알려 주고 있다. 걱정할 바가 아니다.

내가 트렌드 관련 강의를 하다 보면 대부분의 수강생은 트렌드를 어떻게 읽느냐고 묻는다. 나름대로 터득한 트렌드를 읽고 해석하는 방법을 이야기해 보겠다.

"메가트렌드의 거대한 흐름을 타면서 각 유명 도시서 벌어지는 마이크로트렌드의 교차점에 서야 트렌드가 보인다." 이것이 나의 대답이다.

20여 년간 50개 유명 도시를 돌면서 알게 된 트렌드 발견법이다. 한마디로 정리하면 메가트렌드 속 마이크로트렌드다. 이를 10가지로 정리해 봤다.

① **새로운 혁신적 스타일이 둘 이상의 도시에서 등장한다면 트렌드일 가능성이 크다.**

예를 들어, 푸드트럭 비즈니스가 LA와 뉴욕 등 대도시를 중심으로 발전하고 있는 것이 대표적이다. 이는 대도시에 사는 우리에게도 바로 선보일 수 있는 사업인 것이다.

② **주류에 대한 반작용으로 새로운 트렌드가 등장하기도 한다.**

식당에 가면 당연히 정해진 가격표대로 비용을 지불한다. 하지만 '음식 값은 해당 음식을 체험한 소비자가 결정해야 더 정확하지 않을까'라는 반작용으로 등장한 것이 후불제다. 나아가 후불제 교육시스템이 새로운 트렌드로 나타날 가능성도 크다.

③ 스타일의 변화는 종종 극과 극으로 움직인다.

명품에 취한 소비자가 있는가 하면 가치소비만을 하는 100엔숍 혹은 1달러숍 마니아도 있다. 하지만 두 마니아층 소비자가 동일 인물일 수도 있다는 점을 기억하자.

④ 트렌드는 트렌드 세터와 함께 시작되고 보수적 소비자에서 끝난다.

늘 그렇듯 역사는 도전하는 사람에 의해 쓰인다. 세상의 변화를 이끌고자 하는 세력을 항상 찾아내는 노력을 경주해야 한다.

⑤ 다양한 트렌드 세터들이 활동하는 도시일수록 트렌드 결정에 강력한 영향력을 발휘한다.

참고로 전 세계에서 트렌드가 가장 활발히 움직이는 10개 도시를 소개한다. 북미에서는 LA·샌프란시스코·뉴욕을 들 수 있고, 유럽에서는 파리·런던·밀라노를 추천하고 싶다. 그리고 아시아권에서는 도쿄·요코하마·홍콩·상하이 등을 적극 추천하고 싶다.

⑥ 유명 인사가 트렌드 세터일 경우 그가 사용하는 제품은 트렌드가 될 가능성이 크다.

특히 연예인이나 스타 플레이어가 착용한 패션, 자주 가는 식당은 팬들의 극성으로 트렌드로 자리를 잡을 것이다. 그래서 셀러브리티(유명인)에 의한 새로운 트렌드는 일반적인 현상이 되어 가고 있다.

⑦ 영화나 인기 드라마는 트렌드에 막강한 영향력을 행사한다.

미래 SF영화나 아카데미 영화상을 받은 할리우드 영화는 우리의 상상력을 자극할 뿐만 아니라 미지의 세상에 대한 동경심을 유발해 IT와 과학의 발전을 견인한다. 아직도 10여 년 전에 상영했던 SF영화 '마이너리티 리포트'가 인구에 회자되는 것과 같다.

⑧ **트렌드 결정자들의 스타일과 취향을 안다면 시장을 한발 앞서 선점할 수 있다.**

특히 젊은이들이 모이는 곳에 가면 그들의 취향과 스타일을 파악하기 좋다. 그래서 마케팅을 하는 비즈니스맨들이 서울의 홍대 근처나 북촌에 자주 가는 이유이다.

⑨ **많은 사람이 모방하는 것일수록 트렌드가 될 가능성이 크다.**

뉴욕의 맛집이 전 세계 식도락가들을 자극해 후발 식당 셰프에게 모방하게 만들고, 심지어 서울에 사는 소비자의 안방까지 배달해 주는 서비스가 해당 도시에서 개발된다.

⑩ **시장에서 영향력을 발휘하려면 정기적으로 신제품을 선보여야 한다.**

그래서 애플 혹은 삼성전자에서 출시되는 스마트폰과 IT제품들이 새로운 트렌드다. 매년 1월 미국 라스베이거스에서 열리는 CES에 국내외 유수 CEO들이 모이는 이유다.

지하철 연결통로를
활용한 새로운
경제, 지하철 경제학

　대도시를 중심으로 출퇴근 및 용무를 위한 대중교통은 단연코 '지하철'이다. 출·퇴근길마다 지하철을 이용하는 대부분의 직장인들은 스마트폰으로 게임을 하거나 드라마·웹툰을 보면서 시간을 때운다. 우리나라 서울·수도권 1일 지하철 이용자는 대략 1천만 명 내외로 추산된다. 이것은 무엇을 의미할까? 잠재력이 어마어마한 거대 시장이 땅속에서 잠자고 있다는 뜻이다. 즉, 날씨 및 외부환경에 전혀 영향을 받지 않는 지하 매장은 신사업의 엘도라도인 셈이다. 눈을 크게 뜨고 자세히 보면, 지하철 연결통로를 통해 새로운 '지하철 경제'가 탄생할 수 있음을 알 수 있게 된다.

　그렇다면 지하철 시스템과 메커니즘, 그리고 문화를 비즈니스에 적극 활용함으로써 매출을 창출하고 경제 성장을 이루는 여러 선진국 사례를 찾아보지 않을 수 없다. 그중에서 일본의 사례를 유심히 들여다보면 우리가 나아가야 할 방향이 보인다. 일본도 우리나라와 마찬가지로 지하철 사업이 만성 적자로 돌아서자 곧바로 새로운 전략을 세우게 된다. 즉, '에키나카 비즈니스'라 불리는 새로운 경제를 땅 밑에서 창조해 냄으로서 지하철의 급속한 수입 감소도 타개하고, 입주 점포의 매출 상승이라는 두 마리 토끼를 잡았다.

날마다 전철을 교통수단으로 이용하는 사람들만을 상대로 하는 비즈니스지만 매출은 의외로 높은 편이라 한다. 시내 중심가의 백화점들은 오후 8시면 대부분 문을 닫지만 에키나카 점포들은 원한다면 전철이 끊어질 때까지 얼마든지 영업할 수 있다. 게다가 황사나 미세먼지가 많이 발생하는 날이나, 비나 눈이 많이 오는 날 등 날씨에 관계없이 고객을 맞이할 수 있는 곳이다. 또한 전철을 이용하는 승객들 대부분이 여유 있게 쇼핑할 시간을 내기 어려운 직장인이므로 오히려 시간을 절약하게 해주는 측면도 있으니 그야말로 1석 3조 아닌가!

전철역을 활기 넘치는 쇼핑공간으로 탈바꿈시킨 에키나카 비즈니스

미국은 뉴욕의 지하철과 연계된 기차역 내 '세탁소'가 유명하다. 물론 우리나라처럼 집 앞에 바로 세탁소가 없는 관계도 있지만, 뉴요커들은 출근할 때 수선할 옷을 맡겼다가 퇴근할 때 찾아가는 이용객이 많다. 미국의 경우, 지하철이나 철도와 연계된 역 구내에 세탁물을 맡기고 찾을 수 있도록 별도의 장소가 마련되어 있다. 세탁물이 다른 사람들의 눈에 띄면 어쩌나 걱정하는 고객이 있을 수 있는데, 그 점은 염려하지 않아도 된다. 주로 불투명 비닐 백을 이용하기 때문에 내용물이 다른 사람들에게 알려지는 일은 거의 없기 때문이다.

그렇다면 일본 지하철은 어떤가 알아보자. 일본 도쿄역에는 약 5년간의 리뉴얼 작업 끝에 새로운 스트리트가 생겼다. 이름하여 '캐릭터 스트리트'. 30여개의 일본 주요 캐릭터를 판매하는 매장이 길 양쪽으로 즐비하다. 도쿄 시민뿐만 아니라 전 세계에서 온 관광객들로 하루 80여만 명이 늘 북적인다. 도쿄역 캐릭터 스트리트는 캐릭터 상품들의 천국이다. 우리가 잘 아는 고양이 캐릭터인 '헬로 키티'뿐만 아니라 '보노보노', '무민', '후낫시', '피카추'까지 너무 많은 캐릭터 구경하느라 시간가는 줄 모른다. 아시다시피 '캐릭터' 산업은 무궁무진하게 성장하는 산업이다. 캐릭터 하나만 제대로 개발하면 돈방석에 올라앉는 것은 일도 아니다. 당연히 국가적 차원에서 캐릭터 산업을 발전시켜야 한다. 우리나라처럼 사람도 오지 않을 구석진 골목에 캐릭터 점포를 개설하고 응원해 주지는 않는다.

일본의 지하 관련 경제부활의 정책은 또 있다. 그래서 도쿄는 지하 공간을 지상과 연계해서 복합개발하고 있다. 도쿄역에서 오테마치를 거쳐 긴자 거리까지 지하 4㎞ 길이의 지하통로에 LED등을 설치하고 지하 보행로 양옆으로 지하상가를 설치했다. 도쿄역세권에 새로 짓는 초고층 빌딩들은 지하보도와 연결통로를 마련하도록 의무화하고 있기 때문에 도쿄에는 '지하가(街)'라는 단어가 일상화되고 있다.

다행인지 모르겠지만 최근에 우리나라도 지하를 개발해서 경제를 활성화한 사례가 있다. 서울 고속터미널역에 있는 센트럴시티에는 국내최대의 2030 패션타운이 형성되었다. 90여개의 패션브랜드를 모아서 매장 스트리트를 만든 것이다. 이 거리는 신세계백화점이 주관하여 백화점과 고속터미널 사이 반포 센트럴시티 지하 1층에 영업면적 1만 2,298㎡(약 3,720평) 규모로 스트리트형 패션 전문관을 오픈했다. 지하통로를 통한 새로운 경제가 태동 중에 있는 것이다.

이처럼 지하의 숨은 보석인 지하철 연결통로를 잘 이용한다면 그야말로 '창조경제'가 될 수 있다. 특히 여러 노선이 합쳐지는 환승역을 중심으로 새로운 테마를 중심으로 지하철 연결통로를 조성한다면 탄력 잃은 내수에 새로운 활력을 불어 넣어 줄 수 있을 것이다. 물론 이런 지하철 연결통로 기획관련 전체 그림은 유통트렌드전문가와 건축전문가에게 일임하는 편이 나을 것이다. 지하철 경제는 멀리 있는 것이 아니라 우리 발밑에 바로 있다.

욕구를 파면
돈이 나온다,
'우버'의 성공비밀

우버는 기존 콜택시 서비스와 차별성을 갖는다. 서비스를 신청하면 5분 내로 도착하고, 실시간 차량 위치 확인이 가능하며 운전기사의 프로필이 제공된다. 서비스를 이용한 소비자의 평가점수도 확인할 수 있다. 하지만 우버의 서비스 가격은 국내 일반 콜택시회사보다 비싸다. 그럼에도 우버가 '1조 원 벤처신화'를 이룩할 수 있었던 비결은 무엇일까.

콜택시회사 '우버'는 미국 실리콘밸리에서 시작한 벤처기업이다. 콜택시 서비스를 제공하는데 스마트폰 애플리케이션(앱)으로 서비스를 신청하면 기사가 딸린 고급차량을 제공한다.

우버는 기존 콜택시 서비스와 차별성이 있다. 서비스를 신청하면 5분 내로 도착하고, 실시간 차량 위치 확인이 가능하며 운전기사의 프로필이 제공된다. 서비스를 이용한 소비자의 평가점수도 확인할 수 있다. 경쟁력을 갖춘 우버의 서비스 가격은 저렴한 편이 아니다. 국내 일반 콜택시회사보다 비싸다. 그럼에도 우버가 '1조 원 벤처신화'를 이룩할 수 있었던 비결은 무엇일까.

값비싼 택시 어떻게 성공했나

우버를 만든 이는 칼라닉 CEO다. 그는 2008년 유럽 웹 콘퍼런스에 참석하기 위해 프랑스 파리를 방문했는데, 택시를 잡지 못했다.

스마트폰 앱으로 출시된 우버의 반응은 폭발적이었다. 특히 교통수단이 불편한 미국에서 큰 인기를 끌었다. 우리나라와 달리 미국은 대도시에서 택시를 잡기가 힘들고, 요금이 무척 비싸다. 그러나 지금은 그렇지 않다. 스마트폰 앱 우버로 손쉽게 택시를 호출할 수 있어서다. 우버가 꾸준히 인기를 끄는 이유다.

칼라닉이 생각하는 차량 공유서비스는 간단하다. 스마트폰 버튼을 누르기만 하면 바로 차가 오고, 그 차 한 대가 그날 하루 동안 30명을 실어 나를 수 있게 된다면 자동차는 크게 줄어들 것이라는 것이다. 이런 결과로 30명이 차 30대를 소유하는 대신 30명이 쓸 수 있는 차 한 대만 있으면 되는 세상에는 교통 분야의 가장 큰 문제인 교통체증과 주차난도 많이 완화시킬 수 있으리라 예상하고 있다.

여기에 O2O 서비스를 대표하는 사업이라는 점이다. O2O는 단어 그대로 온라인이 오프라인으로, 오프라인이 온라인으로 옮겨온다는 뜻이다. 예를 들어, 야식으로 뭘 먹을까 고민할 때도, 회식 후 택시를 잡을 때도, 여행지에서 렌터카를 신청할 때도 스마트폰을 이용한다. 이전까지는 오프라인에서만 이뤄져 오랜 시간 지체해야 했다. 그런데 뜻하지 않게 이것이 창업 동기가 됐다. 그는 터치만 하면 택시가 오는 스마트폰 앱을 개발하면 편리할 것이라고 생각했다. 콜택시스마트폰 앱 우버가 이렇게 탄생하여 온라인으로, 그것도 손안의 모바일 기기로 들어왔다는 거다. 즉, 4차 산업혁명의 발전과 함께 O2O는 지속적인 발전 중에 있다.

소비자는 콜택시서비스 운영사와 쌍방향으로 소통하고 싶어 한다. 아울러 비용이 저렴하지 않아도 안락한 서비스를 이용하려는 욕구를 가지고 있다. 기존 콜택시 서비스에 불만족하는 소비자도 있다. 우버는 이런 점을 최대한 활용해 시장가치를 끌어올렸다.

주목할 점은 우버의 가치를 높인 요인이 이것만이 아니란 것이다. 콜택시 서비스를 제공하는 우버는 자체적으로 부담하는 비용이 없다. 이유는 간단하다. 서비스로 제공되는 콜택시는 우버의 소유가 아니다. 콜택시는 우버의 회원사로 등록된 콜택시 회사의 차량이다. 콜택시 서비스를 제공하지만 차량은 가지고 있지 않은 것이다. 이는 우버가 리스크가 낮고 기업 매력이 높음을 의미한다. 이런 이유로 우버는 최근 1년 동안 매월 18%의 매출 신장을 기록했다. 우버의 콜택시 서비스가 벤처신화를 이룰 수 있었던 이유이기도 하다.

국내에서도 우버의 콜택시 서비스가 공식적으로 시작됐지만, 이내 사업을 접어야만 했다. 국내법에 어긋나는 사업행태가 문제였다. 콜택시 서비스의 고급화를 표방한 우버의 전략은 '기존 서비스가 제공하지 않는 서비스 제공'이다. 위치기반서비스(LBS)를 이용하는 우버의 앱을 실행만 하면 고객이 있는 곳에서 우버의 콜택시가 몇 분 후에 도착하는지 알려준다. 목적지를 입력하면 예상 요금을 확인할 수 있고, 승인 요청을 하면 가장 가까운 곳에 있는 운전기사가 자동으로 등록된다. 소비자는 운전기사의 차량 종류·번호·약력 등을 제공받는다. 제공되는 차량도 최고급이다.

기존 서비스에 없는 서비스로 승부

에쿠스·벤츠S·BMW7 등이 제공된다. 정장을 입은 기사가 직접 문을 열어주고, 차량 안에는 물과 사탕 등 다과가 준비돼 있다. 칼라닉 우버 CEO는 "택시 서비스가 맥도날드라면 우버는 프렌치 레스토랑과 같은 존재"라고 강조했다.

앱으로 콜택시 서비스를 제공하는 것은 새로운 기술이나 방식이 아니다. 그런 우버가 급성장한다는 것은 시장에 시사하는 바가 크다. 언급한 바와 같이 기존 콜택시 서비스에 대한 소비자의 만족도와 개선을 분석해 파고들었기 때문이다. 차별성 없는 서비스를 외면한 소비자의 니즈를 우버가 간파했다는 얘기다.

이런 우버가 최근에는 음식배달 업계에 대한 공습을 시작했다. 캐나다 토론토와 미국 로스앤젤레스에서 음식배달 서비스 앱 '우버이츠(UberEats)' 시범 서비스를 마치고 미국 내 3개 도시에서 서비스를 시작했다. '우버이츠'는 고객들이 앱을 통해 지역 식당 음식을 주문하면 집까지 배달해 주는 서비스다. 이처럼 지칠 줄 모르게 도전하는 우버가 1조 원 벤처신화를 이룰 수 있었던 이유는 간단하다.

부산이 프랑스 니스와
같으면서
다른 점은…

프랑스 니스는 매력적인 섬이다. 자연이 주는 아름다움에 도시의 청결함도 뛰어나다. 대중교통시스템도 잘 갖춰져 있어 거주자나 관광객 모두의 만족도를 높여준다. 니스와 닮은꼴은 부산이다. 해변의 도시이며 영화제가 열린다는 것도 비슷하다.

도시에 대한 설명이다. 어느 도시인지 맞혀보기 바란다.

첫째, 서유럽 남부 지중해에서 가장 크고, 연중 관광객들로 북적이는 국제적인 해양 휴양지이며, 다섯 번째로 큰 도시.

둘째, 프랑스에서 가장 바쁘게 사는 사람들이 모여 있고, 거대한 공항이 있는 도시.

셋째, 세계 최초로 향수가 만들어진 마을이 있는 도시.

넷째, 과거 로마제국의 원형극장과 고대 유물이 살아 숨 쉬는 도시.

다섯째, 세계 미술사의 세계적인 거장인 피카소, 샤갈, 마티스의 숨결을 생생히 느낄 수 있는 도시.

여섯째, 18세기 유럽 대부분을 통일한 나폴레옹과 그와 함께 수많은 전쟁을 승리로 이끌었던 마세나 장군, 그리고 이탈리아 영웅인 가리발디를 배출한 영웅들의 도시.

답은 프랑스의 니스다.

물론 최근 발생한 IS에 의한 테러에 의해 큰 슬픔을 겪은 도시이다. 니스는 이외에도 두 가지 특징이 더 있다. 그중 하나는 '니스 국제영화제'다. 전 세계의 유명 영화인들이 참석해 며칠 동안 축제를 연다.

다른 하나는 '니스 해변'으로 '토플리스(topless) 해변', 다시 말해 상반신 나체 해변으로 유명하다.

니스는 참으로 매력적인 섬이다. 조그만 자갈들로 이뤄진 해변은 예쁘다는 말로는 부족하다. 사랑스럽다는 생각이 절로 들 정도다. 늘 수많은 관광객들로 북적이면서도 평화로움을 잃지 않는 자태 또한 니스가 가진 매력적인 요소 중 하나다. 니스 시내도 다른 어떤 도시와 비교해 뒤떨어지지 않을 만큼 청결함을 자랑한다. 게다가 대중교통 시스템도 잘 갖춰져 있어 이곳에 둥지를 틀고 사는 사람들의 만족감을 높여준다.

니스가 이처럼 유럽인뿐만 아니라 전 세계 사람들에게 각광받는 이유는 뭘까.

프랑스 남부 지중해의 해안도로와 기찻길, 그리고 자전거 도로로 이어지는 하나의 거대한 벨트 정중앙에 있기 때문이다. 이는 이탈리아 국경마을인 산레모로부터 시작해 스페인의 바르셀로나까지 자전거 여행을 즐길 수 있도록 만들어진 벨트 모양의 띠를 이루는 해안 도로다.

2007년부터 시작된 공공자전거 대여시스템인 '벨리브(Velib)' 덕분에 관광객이 어디서나 저렴한 가격에 공공자전거를 임대해 남부 프랑스를 여행할 수 있다. 지중해 특유의 바다 색깔과 냄새, 풍광이 아름다운 마을이 자전거 도로를 중심으로 펼쳐져 있다. 전 세계적인 관광지인 모나코, 이탈리아 국경마을인 망통과 칸까지도 갈 수 있다.

게다가 최초 30분까지는 이용자들에게 무료로 대여해주는 서비스도 실시중이어서 200m 구간마다 설치된 공용자전거정류소에서 자전거만 갈아타면 얼마든지 무료로 자전거를 이용할 수 있다. 자전거 교체와 이용 횟수가 사용료에 산정되지 않기 때문이다. 이 공용자전거 대여는 니스 시에서 발급한 회원카드를 무인 대여시스템에 인식하면 자동으로 자전거 자물쇠가 열린다. 설령 카드가 없더라도 회원가입만 돼 있으면 자신의 휴대전화를 사용해 원격조정 전화 본인확인 시스템을 활용, 자물쇠를 열 수 있다. 배낭여행자들에게는 반가운 소식임에 틀림없다.

니스를 생각하면 자연스럽게 우리나라의 2대 도시인 부산이 떠오른다. 아마도 바다에 접해 있어 근사한 해변이 있고, 국제영화제가 열린다는 점 때문이지 않을까. 그러면서 니스를 벤치마킹해 특화할 만한 요소가 많이 있다는 걸 새삼 느낀다.

예컨대, 니스에서는 버스를 한 번만 타면 이웃나라 모나코, 에즈 등으로 갈 수 있고, 하루나 한나절 코스로 근사한 여행을 즐길 수 있다. 니스에서처럼, 버스를 타고 다른 나라로 여행을 갈 수는 없겠지만 인근 도시로 손쉽게 여행을 갈 수 있도록 좀 더 발달되고 체계적인 시스템이 갖춰지면 좋을 것 같다.

또 하나, 니스에서 배울 만한 요소로 도시의 철저한 관리와 청결함을 꼽을 수 있다. 참고로 니스의 해변에서는 음식을 먹을 수 없다. **전 세계의 많은 해변들 중 짜장면을 시켜먹고, 술을 마시며, 밤새 모닥불 피우며 놀도록 허용하는 곳은 우리나라를 제외하고는 찾아보기 힘들다.**

부산이 니스처럼 멋진 도시로 거듭나려면 무엇을 어떻게 해야 할지 해법은 다 나와 있는 셈인데, 실천하지 않는 것은 무엇 때문일까. 아무리 생각해도 그 이유를 알 듯 모를듯하다.

아주 쉬운
만국공통문화 찾는
'아침시간 활용법'

해외제품이 국내시장에서 성공할 확률은 그리 높지 않다. 아무리 독특해도 국내 소비자의 시선을 끌지 못하면 그만이기 때문이다. 그래서 국내시장에서 히트할 만한 브랜드를 찾기 위해선 '오감(五感)'을 모두 곤두세워야 한다. 현지를 돌아다닐 때보다 세밀하게 관찰하는 습관이나 방법도 찾아야 한다. 이를테면 '머니 트렌드 투어'가 필요하다는 거다.

트렌드 정보를 위해 시간과 돈을 들여 해외로 떠나는 여행이 내가 주장하는 '머니 트렌드 투어'다. 이럴 경우 시간이 한정될 수밖에 없다. 필요 없는 곳에서 시간을 낭비해선 안 된다. 이에 따라 현지에서 할 일과 동선을 간단하게 정리할 필요가 있다. 가장 귀중한 보물은 '시간'이기 때문이다. 그래서 현지에서 경제적으로 트렌드 정보를 입수하기 위한 행동요령을 정리했다.

아침 시간을 활용하라

① 아침 시간 출근 대열에 합류해 실제 거주민의 일상생활을 접해 보라. 현지인과 함께 대중교통을 이용해 시내 중심부까지 출근하면서 동행해 본다. 우리와 어떤 부분이 같은지, 또 다른 부분은 무엇이 있는지 등을 메모한다.

② 아침 숙소 근처를 조깅하면서 현지 주민과 인사를 나눠 보라. 아침 시간은 우리나라와 마찬가지로 바쁠 게다. 하지만 나이가 있는 시니어들은 조금 한가하다. 그들과 사는 이야기, 해당 도시에 대한 이야기꽃을 피우면서 아침 시간의 슬로 라이프를 즐기는 것도 좋다. 수다를 떤 후에는 숙소로 돌아와 아침 TV방송을 시청하면서 어떤 주제로 방송하는지 점검하자. 아침 방송에서 다루는 내용이 사업에 힌트를 줄 가능성이 크다.

③ 숙소를 정할 때는 좋은 호텔보다 현지인 집에서 숙박을 정하라. 세계 도시에 있는 유명 호텔은 비슷하다. 해당 도시의 삶을 알기 원한다면, 또한 현지인의 삶을 통해 해당 도시의 라이프 트렌드를 알고 싶다면 현지인 집에서 묵어야 한다. 공유경제의 일환인 '카우치서핑'을 이용하거나 혹은 '에어비앤비(글로벌 숙박공유 서비스)'를 이용하길 권한다. 그게 아니라면 '게스트하우스'를 이용하는 수밖에 없다. 카우치서핑은 여행하고자 하는 곳의 현지인에게 무료 숙박을 제공받을 수 있는 재능기부 성격의 서비스다.

④ 우리와 다른 습관, 상행위 등을 사진 혹은 동영상에 담거나 메

모하라. 시장조사를 하면서 우리와 다른 것에 초점을 맞춰 사진을 많이 찍어라. 고국에 돌아와 보면 그중 10% 정도만 쓸 만한 내용이 있다. 많이 찍어 놔야 좋은 콘텐츠로 활용할 수 있다.

⑤ 이 모든 것을 행하면서 해당 도시의 1차 자료가 무엇을 의미하는지 몸으로 깨달아라. 단순히 머리로 이해하는 건 좋지 않다. 여행을 떠나기 전 뽑았던 1차 자료의 의미를 현지인의 실생활에서 발견하고 이해하는 과정이 중요하다.

⑥ 현지 브랜드 매장에 가서 국내 매장과의 차이점을 발견하라. 또 그 차이점이 무엇인지 이유를 찾아라. 가장 좋은 글로벌 브랜드는 '맥도날드'와 '스타벅스' 매장이다. 반드시 방문해 우리나라와 무엇이 다른지 발견하기 바란다. 물론 그렇게 쉬운 일은 아니다. 하지만 이런 과정을 통해 해당 도시만의 특징을 살린 요소를 발견하게 될 것이다. 그것이 바로 사업에 적용해야할 요소일 가능성이 크다. 국내에 들여오면 히트할 브랜드를 현지에서 발견할 수도 있기 때문이다.

불황 탈출구, 새 업태서 찾아야

사상 최악의 경기침체와 실업자 수 증가로 인해 내홍을 겪고 있는 **우리나라에 가장 필요한 건 어쩌면 새로운 업태일지 모른다. 나는 새로운 업태를 현지에서 개발해 글로벌 비즈니스로 확대·발전시키는 것도 좋은 방법이라고 생각한다.** 아울러 국내 업태를 세계로 확대시키려는 욕구도 있다. 천연자원이 부족하지만, 똑똑한 인재가 넘쳐나는 대한민국이 무얼 못하겠는가. 해외시장에 나갔을 때 '그들의 문화'를 엿보는 건 그래서 중요하다. 어차피 색다른 문화는 어디에서든 통하기 마련이다.

확실한 기본이 있는 이노베이션이다

요즘 '혁신'이라는 단어만큼 자주 듣는 단어도 없다. 앞서가는 기업의 사원들의 뇌리에 언제나 맴도는 단어 '혁신'. 하지만 '혁신'은 기본이 없는 곳에서는 절대로 자라날 수 없는 식물과 같다. 물론 앞으로 전개될 세상은 미래의 흐름을 먼저 아는 집단 혹은 개인에게 막대한 부가 편중될 것이다. 누구에게나 평등해 보이는 듯한 정보의 홍수 속에서 미래 트렌드와 사업의 핵심을 먼저 아는 개인 혹은 집단만이 큰 기회를 맞이할 것이다.

하지만 '혁신'에 매몰되어 우리는 기본에서 멀어진 것은 아닌지 철저히 점검해야 할 때가 지금이다. 누구에게나 열려있는 정보를 먼저 아는 것이 중요한 것이 아니라 아는 것을 누구보다 먼저 실천해서 우리네 고유의 것으로 만드는 것이 더 중요한 혁신의 세상이 아닐까.

대한민국은 여전히 기본을 무시하고 편 가르기를 하는 문제가 있다. 세계 1위 여객수송 실적과 최고 서비스로 1980년대 소니와 함께 일본 성공의 상징이었던 JAL이 누적 부채와 누적적자에 회생 가능성이 절박하다는 평가를 받은 이유는 무엇이었는가. JAL뿐 아니라 많은 일본 대기업이 심각한 경영위기에 빠지게 된 것은 대기업의 관료제화와 기본에 충실하지 않은 사상누각을 세운 덕분이라는 사실을 국내 유망기업은 한시도 잊어서는 안 될 것이다.

모든 서비스의
시작과 끝은
화장실이다

남의 집에 가면 화장실에 들러보라는 말이 있다. 화장실이 깨끗하면 그 집의 '청결 수준'을 엿볼 수 있어서다. 남의 집이 이 정도이니, 백화점이나 쇼핑몰의 화장실은 얼마나 중요하겠는가. 서비스 수준의 척도이자 기준으로 받아들여도 무방하지 않겠는가. 과연 우리 대중시설의 화장실은 어떨까. 우리가 벤치마킹할 만한 해외 선진국의 화장실 문화를 살펴봤다.

한국을 방문한 외국인이 가장 놀라는 장소 중 한곳이 바로 '화장실'이다.

첫째는 일부 화장실이 아직도 남녀 공용이라는 점이다. 칸막이 안에서 일을 보는 여성 칸 바깥에서 남자가 일을 봐야 한다는 점이 이들을 당혹스럽게 만든다. 입구도 하나뿐이다. 외국인 남성이라면 세면대 거울 앞에서 화장을 고치는 여성을 보고 놀라는 것은 당연한 일이다.

둘째는 휴지통이다. 화장지를 휴지통에 버린 탓에 발생하는 악취와 보고 싶지 않은 미관 때문에 곤혹스러워 한다. 그렇다면 선진국의 화장실 문화는 어떨까.

★ 고객 지향적 에코화장실

일본 화장실은 내가 가본 전 세계 화장실 중에서 가장 깨끗하고 위생적이다. 그들의 화장실은 그냥 화장실이 아니라 '에코화장실'이다. 자연친화적이고 사용자 중심이다. 본받을 만한 점이다. 최근엔 한국에도 많이 설치돼 있지만 내가 일본에 처음 가서 놀란 부분이 '화장실 레버' 부분이었다. 지금으로부터 27년 전인 1990년 일본 도쿄를 처음 방문한 날, 소변용과 대변용으로 분리된 변기 레버를 보고 작지 않은 충격을 받았다.

물 하나라도 아끼는 습성을 가지려면 일상생활을 바꿔야 한다는 사실을 잘 보여주는 사례다. 일본 전역 어느 스토어를 가더라도 가장 감명을 받는 곳이 바로 화장실이다. 방문고객의 눈높이에 맞춘 화장실 레이아웃과 디자인은 일본 상인들이 얼마나 고객 지향적인지를 알려 준다. 일본 스토어의 화장실 문화는 우리가 배울 만한 서비스임에 틀림없다.

★ 손 댈 필요 없는 IT화장실

일단 가상시나리오 한 토막을 보자.

"화장실에서 볼일을 보고 나서 내 자리에 도착하니 혈압·맥박·혈당·체중 등의 수치가 메일로 도착해 있다. 사물인터넷(IoT)의 발전 덕분이다. 화장실을 관통하는 무선통신이 내 건강을 실시간으로 체크해준다." 이런 변화가 가장 빠르게 진행되고 있는 곳은 미국이다.

2015년 여름, 미국으로 비즈니스 여행을 다녀온 내가 느낀 것 중 하나가 '공공화장실의 IT화'다. 화장실 이용 시, 내가 직접 손을 사용해 물체를 만진 경험이 없다. 볼일을 보면 자동으로 물이 내려오는 전자동 방식이다. 손을 씻으려면 수돗가에 다가가 손만 내밀면 된다. 손 씻는 세정제 분출구도 손만 가져가면 저절로 나오는 자동센서 방식으로 교체됐다.

화장실에 부는 IT 바람

가장 마지막 단계인 손 씻고 말리는 단계도 기계가 대신 해준다. 화장실은 아시다시피 세균이 참 많은 장소다. 이런 맥락에서 미국에서 전개되는 '화장실의 IT물결'은 고찰해볼 필요가 있다. 물론 우리나라에서도 이런 변화의 물결이 일고 있다. 하지만 서울 중심지 고급 화장실에서만 전개되고 있어 갈 길이 멀어 보인다. 우리나라가 'IT강국'이라는 타이틀을 갖고 있음에도 말이다.

대형 혹은 소형 쇼핑몰에 가면 나는 가장 먼저 화장실에 들른다. 그곳에서 쇼핑몰의 서비스 수준을 첫 번째로 판가름한다. 화장실은 인간의 생리현상을 해소하는 나만의 공간이다. 그래서 가장 안락해야 정상이다. 그런 의미에서 화장실 문화의 진화를 간파하는 건 '서비스 대국'으로 가는 지름길이다. 일본과 미국의 화장실 문화를 배워야 하는 이유도 여기에 있다. 앞으로 우리가 만들어 가는 화장실 문화가 점점 정착한다면, 미래의 어느 날, 대한민국이 공공 화장실문화에서 가장 앞선 서비스를 제공하는 국가로 알려지는 그 날을 그려 본다.

공공서비스의 기준은
아름다움이 아닌
안전성

　서울 강남역 부근의 한 노래방 화장실에서 일어난 살인사건을 보면서 20여 년전 이태원 햄버거 가게 화장실 살인사건이 떠올랐다. 공통점이 있다면 남자든 여자든 혼자 공중화장실에 가는 건 상당히 위험하다는 거다. 선진국으로 해외여행을 갔을 때도 예외가 아니다.

　나는 20여 년간 선진국 도시에서 일어나는 트렌드 변화를 살펴보기 위해 마켓서베이를 하고 있다. 미국 시카고 외곽에 위치한 '에반스톤(Evanston)'이라는 유명한 교육도시에 들렀을 때의 일이다. '노스웨스턴' 대학교를 구경하고 근처에 사는 지인을 만났다. 근처 햄버거 가게에서 패스트푸드로 가볍게 점심을 먹으며 담소를 나누고 헤어질 때까지는 별일이 없었다. 그런데 헤어져 돌아서는 순간부터 웬일인지 속이 부글거리기 시작했다.

　부글거리는 속을 부여잡고 시카고 중앙 유니온역에 도착했다. 중앙역답게 많은 인파로 북적였다. 엉거주춤한 자세에다 얼굴은 상당히 일그러진 상태로 화장실 표시판을 찾는 나를 많은 이들이 어떻게 볼지 생각할 겨를이 없었다. 화장실 표시판만 보고 정신없이 걸을 뿐이었다. 화장실을 찾아가는 길이 그토록 멀게 느껴진 적이 없었다.

미국에서 공중화장실의 의미

결국 도착한 지하 3층의 공중화장실. 문을 박차고 들어갔다. 비어 있는 화장실 어느 칸을 향해 몸을 날린 뒤 어깨에 멘 배낭을 잽싸게 내려놓고 볼일을 보기 시작했다. 그때까지만 해도 1층의 그 많던 사람들이 왜 여기엔 단 한사람도 없는지 인지조차 못했다.

그런데 왠지 기분이 싸했다. 나를 둘러싼 묘한 공기와 이상 징후를 감지해서다. 급하게 화장실 문을 밀고 들어올 때는 보이지 않던 주위 환경이 점차 눈에 보이기 시작했다. 일단 필자가 들어선 칸은 따로 문이 달려 있지 않은 채 변기만 덩그러니 있어 프라이버시라고는 단 한 조각도 보장해 주지 않는 곳이었다.

게다가 어둑한 조명 아래로 수많은 눈동자와 검붉은 입술들이 보였다. 10여명의 흑인들이 사방에서 나를 쳐다보고 있었던 거다. 이 곳을 근거지로 삼아 생활하는 홈리스(Homeless)들이었다. 당연히 화장실은 그들의 휴식처이자 집이었던 셈이다.

나만큼 이들도 놀랐는지 아무 말이 없었다. 동양에서 온 작은 남자가 갑자기 자신들의 고요한 휴식처에, 그것도 문을 박차고 들어와 큰 소리를 내면서 볼일을 보고 있는 장면이 그들에게는 어떻게 비쳤을까.

볼일을 급히 본 후에는 어떻게 뒤처리를 했는지 기억도 나지 않을 정도로 '걸음아 날 살려라' 하는 심정으로 화장실을 빠져나왔다. 지금도 그때를 생각하면 웃음과 함께 공포가 찾아온다.

이후 나는 미국이라는 나라에서 공중화장실이 어떤 의미를 지녔는지 확실히 이해했다.

미국인 대부분은 공중화장실을 가지 않는다고 한다. 위험한 장소이기 때문이다. 선진국도 별반 다를 게 없다는 얘기다. 특히 사람의 왕래가 적은 공중화장실은 더욱 그렇다. 그 이후 외국에선 아무리 급한 볼일이 있어도 공중화장실엔 가지 않는다.

예쁜 공중화장실보다 안전한 공중화장실

그럼 공중화장실 관련 사고를 줄일 방법은 없을까.

먼저 전국 지자체가 운영하는 공중화장실 중 사람의 왕래가 적은 화장실은 폐쇄해야 한다. 이렇게 절약된 화장실 관리비를 대체 서비스에 투입하는 게 현명하다.

둘째, 지금까지는 쾌적한 공중화장실 만들기에 자원을 투입했다면 이제는 '안전한 공중화장실' 만들기를 할 차례다. 외관을 치장하는 것보다 출입구에 CCTV를 설치하고, 조명을 밝게 하며, 이상한 느낌이 들면 경찰을 호출할 수 있는 비상시설물 등을 갖춰야 한다.

그것보다 좋은 방법은 만일 피치 못해 공중화장실을 이용해야 한다면 항상 2명 이상이 이용하라는 거다. 아니면 참는 게 상책이다. 안전한 공중화장실, 사람들이 근처에 있어서 언제든지 도움을 받을 수 있는 공중화장실을 찾기 전까지는 말이다.

왕 서방
홀리는
7가지 전략

중국에선 관시(關係)가 중요하다고 한다. 하지만 실제론 그렇지 않다. 분쟁이 생기면 법을 기준으로 해결하지 관시를 잣대로 삼지 않는다. 법을 무시하면서 관시에 의존한 사업은 더 이상 통하지 않는다. '합법적 테두리' 안에서의 관시여야 한다. 중국을 공략하려면 중국을 알아야 한다.

세계 G2 중 한곳인 중국. 큰 땅덩어리와 인구수로 전 세계를 호령하기 시작한다. 우리나라 대기업도 중국에 진입해 애를 먹으면서도 사업을 진행하는 경우가 많다. 젊은 기업에는 새로운 도전이면서 동시에 위험요소가 너무 많아 보인다. 그래서 지금까지 중국을 많이 연구한 사람과 단체의 중국 관련 이야기를 정리해 본다. 결론을 말하면 중국을 13억 단일시장으로 보는 것 자체가 실패의 지름길이다.

(1) 시장을 쪼개고 또 쪼개라

10년 후 4억 명으로 추산되는 중국 중상류층 인구 중 3분의 2는 소도시에 살게 될 것이다. 때문에 지금부터 소도시를 공략해야 한다. 2020년이 되면 오늘날 상하이(上海)에 비해 1인당 실질 가처분소득이 더 많은 도시가 800개에 이를 것이다. 현재 중국의 중상류층 소비자 80%와 접촉하기 위해 한 기업이 영업해야 하는 도시수가 340곳인데, 10년 뒤 동일한 비율의 소비자와 접촉하려면 550개 도시를 공략해야 한다.

(2) 최고의 기술로 승부하라

소도시의 중상류층이 소비할 때 가장 관심을 두는 것은 제품의 화려함보다는 기본적 기능이다. 예컨대 스포츠 웨어를 구매할 때 소도시에선 소비자의 태도가 더 실용적이다. 그래서 소도시 소비자들은 입기 편하고 코디가 쉬우며 내구성이 있는 운동복을 선호한다.

(3) 관시(關係)보다 준법경영

중국의 국법은 영미법이 아닌 대륙법에 속하나 정확히 말하면 '중국 특색이 있는 사회주의 법'이다. 중화인민공화국 법은 2001년 세계무역기구(WTO)에 가입하면서 더욱 완벽해졌다. 헌법에도 법으로 나라를 다스린다는 '의법치국(依法治國)'이라는 구절이 있다. 일단 분쟁이 생기면 법을 기준으로 해결하지 관시를 잣대로 삼지 않는다.

법을 무시하면서 관시에 의존한 사업은 더 이상 통하지 않는다.

'합법적 테두리' 안에서의 관시여야 한다. 계약서는 사업상 최후의 보루라 잘 만들어야 한다. 중국어와 외국어 계약 내용이 다를 때는 중국어 계약서 내용을 기준으로 한다고 법에 명시돼 있다. 또 법적 문서의 '부호 하나'로 돈이 왔다 갔다 한다. 문장 부호가 영어와 달리 특이한 것들도 있으므로 구별해서 사용해야 한다.

(4) 판매대를 독점하라

최근 중국 소비자의 구매력이 커지고, 한 번의 쇼핑으로 구입하는 양이 늘면서 소비자의 눈에 띄기 위한 기업 간 경쟁이 치열해지고 있다. 제조업체들은 할인매장과 협약을 맺고 자사 제품을 눈에 띄게 배치하거나, 자기 브랜드만을 위한 별도의 진열대를 만들기도 한다.

(5) 고부가가치 품목에 승부를 걸어라

중국의 전산시스템과 인프라가 낙후된 점에 착안, 부가가치를 높여야 한다. 노키아는 산간벽지까지도 이동이 가능한 트럭으로 실어 나르는 '소형 이동식점포'를 활용해 중국 전역의 도시와 현을 커버한다. 이런 '움직이는 점포'를 통해 새로운 소비시장에 노키아 제품을 공급할 뿐만 아니라 제품 기능과 혜택에 대한 고객 이해를 돕는다.

(6) 끝까지 마음을 놓지 마라

중국에서 사업을 하려면 누구도 믿지 말아야 한다. 계약이 체결됐다면 생산·포장·선적에 이르는 모든 과정을 점검하고 또 점검해야 한다. 생산 공장 이후 배에 제품이 실릴 때까지 한시도 눈을 떼지 마라. 대금을 지불할 때는 한 번에 모두 지급해서는 안 된다. 선금·중도금·잔금식으로 3~4차례에 걸쳐 지불해야 위험부담을 줄일 수 있다.

(7) 입소문에 크게 의존하는 구매습관

중국인은 전통적인 마케팅 채널인 우편전단(DM)이나 유인물보다는 주변 추천이나 제품 후기 등 입소문(word of mouth)에 크게 의존한다. 또 온라인 광고나 디지털 동영상 간판 등 첨단 커뮤니케이션을 통해 홍보된 제품을 선호한다. 따라서 중국에서 상품을 홍보하려면 입소문 마케팅이나 IT 기술을 활용해 구매 당사자가 아닌 '제3자'에게 영향을 줘야 한다.

일본에서
배워야 할
7가지 지혜

일본의 깨끗한 거리엔 불법 노점상이 보이지 않는다. 좁은 이면 도로엔 흰 선을 기준으로 사람과 차가 사이좋게 지나다닌다. 아무리 좁은 골목이라도 신호등이 설치돼 있고, 사람들은 검소한 생활을 즐기며 다른 사람에게 피해를 주지 않기 위해 조용히 대화한다. 상품 하나를 만들더라도 혼을 다해 만드는 나라. 일본의 얘기다. 우리가 배워야 할 점을 살펴봤다.

(1) 거리가 너무 깨끗하다

언급했듯 일본의 거리는 깨끗하다. 인도에는 쓰레기가 보이지 않고, 거리엔 불법주차 차량이 드물다. 이런 풍경은 도시든 지방이든 똑같다. 일본인은 자신의 집과 상점 앞을 깨끗하게 청소한다. 그들에겐 이것이 생활이고, 문화다. 혹자는 이렇게 말한다. "일본인이 청소를 잘 해서 그런 것 아닌가." 내가 보기엔 그렇지 않다. 청소를 잘 해서가 아니라 쓰레기를 아무데나 버리지 않아서다. 쓰레기통이 없는

곳에 쓰레기를 버리지 않는 의식에는 '질서를 지켜야 한다'는 규범이
자리한다.

상당히 미안한 이야기지만 우리나라와 비교한다는 것이 맞는지
모르겠다. 너무나 지저분한 길거리, 인도에 아무렇게나 늘어선 불법
주차 자가용들, 빨간 신호등에도 아무렇지 않게 건너는 교통문화가
보편적인 우리가 봐서는 정말 너무 깨끗한 도시를 이루고 있다. 도심
뿐만 아니라 변두리 동네에 가도 정말 깨끗하다.

자기 집 앞 혹은 자기 상점 앞을 매일같이 정말 깨끗하게 청소하
는 문화가 보편화된 일본에서 더러운 구석을 찾는 것이 참으로 힘들
것이다. 일본은 어느 도시를 가도 깨끗하고 정리정돈이 잘된 느낌을
지울 수가 없을 것이다. 우리가 일본으로부터 배워야 할 가장 첫 번
째가 기초질서를 누구나 지키는 튼튼한 사회라는 점이다.

(2) 좌판을 여는 노점상이 없다, 절대 없다

볼거리가 많으면 사람이 많다고 했다. 자연히 거리에서 물건을 파
는 노점상도 출연하게 마련이다. 일본엔 관광지가 많지만 불법 노점
상을 찾아보기 어렵다. 이유는 간단하다. 말 그대로 '불법'이라서다.
법을 어기는 행위는 하지 않는다는 얘기다.

아시다시피 우리나라는 전국 어디를 가나 사람이 많이 모이는 곳
에는 노점이 있다. 그분들의 장사를 막겠다는 것은 아니지만 적어도
사전에 구청이나 지자체의 허가를 받은 후에 노점을 펼쳤으면 하는
바람이다. 전국 관광지 부군에는 사람이 당연히 많이 모이는 법, 이

틈을 이용해서 노점상들이 사람들이 지나가야 할 길을 일부 차지하고 그 앞으로 물건을 구입하려는 사람들의 흥정으로 인해 길은 꽉 막히게 만드는 진풍경을 항상 만나게 된다.

⑶ 좁은 도로를 참으로 잘 이용한다. '인도'를 표시해 주는 줄 하나를 그어서 알린다

일본 도쿄(東京)는 서울보다 면적이 넓지만, 인구밀도는 서울보다 낮다. 서울보다 도심 공간은 여유가 있지만, 간선도로는 서울보다 더 좁다. 그 좁은 도로로 자동차와 자전거가 사이좋게 지나간다. 인도엔 행인이 가득하다. 한정된 도로에서 차와 사람이 원활하게 교통할 수 있는 것은 '흰 선' 때문이다. 거리에 표시된 선을 철저하게 지키는 것이다. 일본의 이면도로가 좁지만 교통이 원활한 이유가 여기에 있다.

우리나라 성인 중에 대부분 소지하고 있는 운전면허. 운전면허를 따기 위해 면허시험을 준비하다 보면 흰 선과 노란선 그리고 한 줄 선과 두 줄 선이 무엇을 의미하는지 알아야 한다. 그런데 면허시험과 실제 도로에서 운전상황을 별개로 여기는 사람들이 많은 듯싶다. 노란 두 줄의 도로에서도 회전을 하는 차량, 빨간 불에도 그냥 지나가는 차량이나 행인들, 도로 위에 버젓이 주차하고 없어진 차주인들. 이렇듯 작은 질서를 지키지 못하는 사회 시스템에서 과연 공정사회를 이룰 수 있을까.

⑷ **좁은 골목에도 꼭 신호등이 있다**

일본에는 대도시든 소도시든 어디를 가나 '신호등'이 있다. 점멸형 혹은 정식 3색 신호등이 설치돼 있다. 교통사고를 예방하기 위해 지자체가 설치한 것이다. 정부만 움직이는 게 아니다. 어린아이나 어른 할 것 없이 서로 양보하고 질서를 지키는 것이 생활화됐다. 그만큼 교통사고를 예방하기 위해 지자체가 발 벗고 나서고 있다는 점과 어린아이, 어른 할 것 없이 서로 양보하고 질서를 지키는 것을 생활화하기 위한 시스템이라고 생각된다.

⑸ **명품**(주로 가방)**을 갖고 다니는 여자를 찾기 힘들다**

일본은 한때 명품 소비국이었다. 하지만 2011년 일본 대지진을 기점으로 명품 소비가 눈에 띄게 줄었다. 생활고의 이유도 있지만, 검소한 생활을 지향했기 때문이다. 일본 지하철을 타면 남성들은 값싼 양복에 평범한 가방, 구두를 신고 있다. 여성도 별반 다르지 않다. 그런데도 그들은 깨끗하고, 정갈하다. 과소비를 부추기는 명품을 뒤로 하고, 검소한 생활을 즐기기 때문이다.

일본의 경우, 남자들은 대부분 값싼 양복에 평범한 가방과 구두를 신고 전철을 타고 다닌다. 여자들도 남자들과 마찬가지다. 일본 대지진 이후에는 더욱 힘들어진 생활로 인해 일본의 소비 특히 명품소비는 눈에 띄게 줄어들고 있는 듯싶다. 요즘은 일본 국민 대부분이 평범해 보인다.

⑥ 아주 작은 소리로 대화한다

일본의 또 다른 특징은 작은 소리로 대화하는 것이다. 여기엔 다른 사람을 배려하는 일본만의 문화가 숨어 있다. 일본인의 이런 성향은 어린 시절 받은 교육에 근거한다. 일본인은 자녀를 교육할 때 이렇게 말한다. "다른 사람에게 피해를 주지 마라." 실제로 일본인은 공공장소와 같이 사람이 많이 모이는 곳에서 행동을 각별히 조심한다.

해외에 나가보면 잘 알 수 있듯이 두 명 이상이 모인 곳에서 가장 큰 말소리를 내는 나라는 중국일 것이다. 말 자체가 4성을 지녀 위, 아래로 소리가 나서 그런지 정말 시끄럽다. 우리나라 사람들도 시끄러운 나라의 민족으로 빠지지 않을 듯싶다. 자기 자랑을 정말 많이 하고 싶어 하는 듯 무엇을 어디에서 싸게 구입했다는 내용, 어디에 가면 명품 브랜드를 몇 퍼센트 할인을 한다는 내용, 점심은 뭘 먹었는데 그곳이 너무 좋았다는 내용 등 다른 사람을 전혀 의식하지 않고 떠든다.

⑦ 상품 하나 만들더라도 정성을 다해 만든다

상품에서도 일본인 특유의 정신을 엿볼 수 있다. 내용물부터 포장까지 정성이 깃들어있다. 물건을 만들 때 공정을 생략하지 않고, 꼼꼼하게 만들기 때문이다. 일본인의 장인정신을 엿볼 수 있는 대목이다. 일본인은 혼을 다해 상품을 만들 듯 삶을 살 때도 최선을 다한다. 이는 우리가 본받아야 할 점이다. 삶을 살아가는 데 있어서 정성을 쏟고, 최선을 다하는 것이 종국에는 인생을 바꾸기 때문이다.

은퇴세대,
도심이냐 시골이냐
그것이 문제로다

동양권의 시니어타운은 대부분 '도심'에 있다. 동양권 시니어는 문화·편의시설의 혜택을 누리길 원하고, 지인들과 어울리길 좋아해서다. 반대로 서양권의 시니어 타운은 대부분 도심 외곽에 있다. 노년을 자연 속에서 보내려는 욕구가 반영된 결과로 보인다. 여기서 주목해야 할 건 동양권이든 서양권이든 선진국이라면 '시니어 시설'의 수준이 상당하다는 점이다.

얼마 전 마켓 리서치(market research)를 진행할 생각으로 캐나다 밴쿠버와 미국 LA를 보름간 다녀왔다. 이번 여행을 통해 28년 동안 진행한 해외시장조사의 정점을 찍는 결과를 얻는데 성공했다. 나이 든 어르신을 위한 시니어타운(senior town)을 목도한 건 대표적 결과물이다. 선진 각국의 시니어타운과 초고령화의 대비책을 보면서 우리나라가 해야 할 일을 찾아낼 수 있었다.

★ <u>사례1.</u> 캐나다 캔모어 = 캐나다 밴프로 향하는 길목에 있는 캔모어(Canmore)는 로키산맥에 기댄 고요한 도시다. 도심만 벗어나면 설산의 상공을 날고, 야생 속에서 말을 달리는 이채로운 체험이 진행된다. 석탄을 캐던 광산도시였던 캔모어는 인디언 말로 '머리 큰 추장'이라는 의미를 갖고 있다. 도시 한편에는 실제로 머리 큰 추장의 모형물이 세워져 있다.

이곳에는 캐나다의 은퇴한 시니어가 모여 살아서 그런지 요양병원과 요양원 시설이 많다. 더욱이 건강보조식품이 상당히 발달돼 있다. 너무나 안락한 천연자연환경 덕분에 캐나다와 미국 유명인의 별장도 많다. 시니어만이 아니다. 앞서 언급한 것처럼 체험을 즐길 수 있는 시설이 꽤 많아, 젊은이들에게도 인기가 많다.

★ <u>사례2.</u> 미국 네바다의 라플린 = 라플린(Laughlin)은 수년전 내가 미국 서부 일주를 할 때 잠시 묵었던 도시다. 네바다주 최남단에 있다. 콜로라도강(江)이 이 도시를 지나서인지 사막 기후이지만 시원하다. 라플린에는 호텔, 카지노, 박물관, 수상 스포츠 시설 등 다양한 휴양 시설이 마련돼 있고, 대부분 주민이 은퇴한 시니어다. 그랜드캐니언으로 가는 길목에 있어, 해마다 300만여 명의 관광객이 이 도시를 찾는다.

이곳에는 노인만을 위한 카지노가 있다. 내가 조사차 들른 이 카지노에서 이곳 시니어들은 팝콘을 넣을 수 있는 큰 통에 1센트짜리를 가득 채운 뒤 게임을 즐겼다. 미국 전역에는 이런 실버타운이 약

3,000개에 달한다. 80%는 민간기업이 운영하는 것으로 알려져 있다. 기후가 온화하고 경치가 좋은 버지니아·플로리다 등 남동부 지역, 서부 캘리포니아에 모여 있다.

★ <u>사례3.</u> 일본 도쿄 = 일본은 시니어 인구를 통해 새로운 성장전략을 모색하고 있다. 고령층을 대상으로 한 의료·건강산업을 집중 육성해 일자리를 늘리겠다는 거다. 아울러 그들이 보유한 막대한 부를 청년층으로 이전해 중산층으로 키우겠다는 계획도 추진 중이다. **일본 시니어 주택의 특징은 교통·문화시설이 모인 도심에 있다는 점이다. 나이가 들수록 문화·편의시설의 혜택을 누리기를 원하는 시니어를 위해서인 듯하다.** 도쿄(東京) 도심에 있는 다이토구 아사쿠사 근처의 민간 실버주택, 도쿄 23구에 있는 주택처럼 시니어를 위한 배려와 장치도 많다.

★ <u>사례4.</u> 싱가포르 = 싱가포르에는 국가가 지은 시니어 전용 공공주택이 많다. 우리로 치면 한국토지주택공사(한국LH공사)처럼 공공주택을 공급하는 싱가포르 HDB(Housing & Development Board·주택개발청)가 시니어를 위해 만든 스튜디오형 아파트는 전용 35·45㎡(약 10~13.6평) 규모 2개 타입이다. 55세 이상 싱가포르 국민이라면 우리 돈으로 8,000만 원 정도만 내면 30년 가까이 소유할 수 있다. 일반 민간주택 시세와 비교해 20~30% 선이다. 정부에서 공급하는 고령자 전용주택이 많다 보니 은퇴 후 지인끼리 모여 사는 경우가 많다.

이런 국가의 사례를 통해 우리가 주목할 점은 두 가지다. 동양권 나라들은 도심에서 마음에 맞는 친구들과 어울리기를 원하는 시니어가 많다는 게 첫째다. 둘째는 서양권 시니어는 도시에서 많이 벗어난 곳에 있는 타운을 좋아한다는 점이다.

결론적으로 말하면,

동양과 서양을 막론하고 공동으로 사시는 시니어들에게 즐길거리와 먹거리가 사전에 준비되어 있고 의료시설이 가까이 있었다. 같은 동양권인 우리는 어떤 전략을 취해야 할까. 고민이 필요한 시점이다.

한국판 포토벨로,
홍대 프리마켓을
배워라

세계 각국은 벼룩시장을 최대한 활용한다. 시장별로 특색 있는 테마를 정하고 관련 즐길거리를 마련한다. 쇼핑 품목을 다양하게 만들어 지역민은 물론 관광객에게도 '구매의 즐거움'을 선사한다. 이런 측면에서 서울 홍대 주변에서 전개되는 '프리마켓(Flea market)'은 좋은 대안이 될 수 있다.

지난여름 휴가를 유럽이나 선진국으로 다녀온 분들은 대부분 해당 도시에서 벼룩시장(flea market)을 체험해 봤으리라 예상된다. 벼룩시장이라는 용어는 19세기 말부터 사용됐다. 벼룩이 들끓을 정도의 고물을 판다는 의미에서 생겼다는 설(說)도 있지만 그렇지 않을 가능성이 더 크다. 벼룩시장은 미국보단 유럽에서 더 많이 만날 수 있는데, 이 시장은 오래된 지역축제와 함께 열리는 경우가 많아서다. 그래서 유럽을 찾는 여행객들은 이 축제기간에 맞춰 여행 스케줄을 짜기도 한다. 우리나라 지자체가 진행하는 어수룩한 축제와는 달라도 너무 다르다.

특색 있는 각국의 벼룩시장

★ <u>사례1.</u> 영국 = 영국 런던에는 유명한 벼룩시장이 많다. 그중에서
도 가장 유명한 벼룩시장은 포토벨로 마켓이다. 이곳에는 동화책에서
나 볼 수 있을 것 같은 골동품들이 장장 2km에 걸쳐 빼곡히 쌓여 있
다. 유럽의 벼룩시장은 유럽의 오랜 전통만큼이나 기품을 지니고 있
다. 단순히 쓰던 물건을 모아놓고 내다파는 장터를 떠올리면 오산이
다. 독특한 문화의 숨결이 살아 있고 '클래식'의 진수를 체험할 수 있
는 장소가 바로 전통 있는 벼룩시장의 진짜 모습이다. 이런 맥락에서
포토벨로 마켓은 우리나라 전통시장의 새로운 대안이자 훌륭한 벤치
마킹 모델이다. 대형마트의 대항마로서 손색이 없어 보인다.

★ <u>사례2.</u> 미국 = 미국의 벼룩시장은 동네에서 정기적으로 혹은 부
정기적으로 열린다. 동네 꼬마 등 특정 수요자를 상대로 열리기도
한다. 대부분 거라지세일(garage sale)이라 하여 차고 안의 물건을 저렴
하게 팔거나 물물교환을 하는 등 이웃 간 자연스런 만남의 기회를
만들어 낸다. 유대인이 많은 지역일수록 거라지세일이 자주 전개되
는 것 같다. 어릴 때부터 자립정신을 키우고, 경제관념을 심어주기
위해 어른들은 거라지세일 할 때는 어린아이들을 꼭 동참시키는 습
관이 있다.

★ <u>사례3.</u> 일본 = 일본 도쿄 요요기공원에서 열리는 벼룩시장은 20년 전통을 이어 내려오고 있다. 이곳 말고도 주말이면 시내 곳곳에서 벼룩시장이 열린다. 일본 전국에서 정기적으로 열리는 벼룩시장이 200여 곳이나 된다고 하니 일본 국민에게 벼룩시장은 일상생활이나 다름없다. 이처럼 세계 각국은 벼룩시장을 최대한 활용한다. 시장별로 특색 있는 테마를 정하고 관련 즐길거리를 마련한다. 쇼핑 품목을 다양하게 만들어 지역민은 물론 관광객에게도 '구매의 즐거움'을 선사한다.

이런 측면에서 서울 홍대 주변에서 전개되는 '예술시장 프리마켓(Free market)'은 좋은 대안이 될 수 있다. 프리마켓은 값비싼 유명한 브랜드가 아니어도 나만이 가질 수 있는 한정된 제품만을 파는 곳이다.

벼룩시장의 매력은 '소통'

누구든지 창작자가 돼 자신이 손수 만든 제품을 시장에서 판매할 수 있다. 창작자와 소비자가 한 공간에서 마주하고 소통을 한다는 점이 바로 '예술시장 프리마켓'의 매력이다.

서울 홍대 주변의 프리마켓이 각종 '핸드메이드' 제품으로 인기를 끌고 있는 이유가 여기에 있다. 시장은 사람들의 생활과 활력이 모여드는 곳이다. 그리고 사람들이 모이면 문화와 비즈니스가 탄생하고 이야깃거리가 넘쳐나게 된다. 대형마켓이 아무리 편리하다 한들 '스토리텔링'이라는 소소한 매력을 제공하긴 어렵다. 전통시장과 벼룩시장은 영세 상인만을 위한 공간이 아니다. 즐겁고 인정이 피어나는 도시 생활을 위해서도 전통시장과 벼룩시장의 육성, 발전은 꼭 필요한 일이다.

대형마트의 대항마,
런던 벼룩시장은
품격을 판다

상품은 비슷비슷하다. 얼마를 부르든지 가격을 깎으면 깎인다. 제 값을 주면 속는 것 같다. 특별한 문화나 정체성은 찾아볼 수 없다. 운영은 상인 중심이다. 바로 우리나라 전통시장의 모습이다. 반면 영국 런던의 벼룩시장은 다르다. 문화가 살아 숨 쉬고, 정체성이 확실하며, 운영은 고객 중심이다. 당신이 고객이라면 어떤 시장을 가겠는가.

대형마트들이 전통시장 상권을 침해한다는 주장이 끊이지 않는다. 하지만 이 주장은 반은 맞고 반은 틀렸다. 전통시장들이 대형마트들과의 경쟁에서 살아남기 위해 얼마나 고민했는지를 따져 보면 차별화에 실패한 전통시장의 탓도 분명히 있다. 물론 전통시장을 도와주기 위해 탄생한 국가기관이 아케이드 방식 등 보여주기 정책만을 전개한 탓도 있으리라 본다.

사업차 영국을 갔을 때 둘러본 런던의 벼룩시장은 그런 면에서 확실한 경쟁력이 있었다. 그곳의 대형마트나 대형슈퍼마켓에서는 절대 볼 수 없는 특색 있는 제품과 볼거리들로 가득했기 때문이다.

실제로 영국 런던의 벼룩시장은 단순히 쓰던 물건을 모아놓고 내다파는 우리나라 벼룩시장과 완전히 다르다. 유럽의 전통만큼 독특하고 고전적인 문화가 살아 숨 쉰다. 런던 벼룩시장을 통해 대형마트나 백화점에 밀려 점점 사라져가고 있는 우리나라 전통시장의 새로운 대안을 찾을 수 있지 않을까.

런던에는 유명한 벼룩시장이 많다. 스피털필즈 마켓, 캠든 마켓, 브릭레인 마켓 등이 대표적이다. 그중에서도 가장 유명한 벼룩시장은 포토벨로 마켓(Portobello Market)이다. 전 세계적으로 유명한 이 마켓도 대형백화점이나 대형마트의 공세에서 자유롭지 않다. 그럼에도 벼룩시장으로서 경쟁력을 유지할 수 있었던 이유는 차별화에 있다. 이곳에는 먹거리도 풍부하다. 비슷비슷한 제품들이 한 집 건너 나오는 명동과는 분위기가 다르다.

전통시장만의 체험을 파는 것도 독특하다. 덕분에 매주 토요일이면 전 세계의 수많은 골동품 딜러들이 너도나도 모여들어 방문객도 즐길거리도 절정을 이룬다. 즉흥적인 소규모 거리 공연이 열려 눈과 귀까지 즐겁다. 유럽 전역의 유명 예술가나 디자이너들이 아이디어를 얻기 위해 이곳을 방문하기 때문이다. 포토벨로 마켓은 단지 제품을 사고파는 시장으로만이 아니라 많은 사람들의 아이디어를 자극하고 영감을 제공하는 '아이디어 창고'로 자리를 잡고 있다.

포토벨로 마켓이 관광명소로 각광을 받는 이유는 또 있다. 영화

마케팅이다. 영화 '노팅힐(Notting Hill·1999년)' 속에서 줄리아 로버츠와 휴 그랜트가 만나고 사랑을 속삭이는 무대 가운데 하나가 바로 포토벨로 마켓이다. 영화 속에서 휴 그랜트가 운영하던 서점 '더 트래블 북 숍(The Travel Book Shop)'은 그중에서도 인기가 높다.

영화 한편이 세계적으로 흥행에 성공하면서 포토벨로 마켓도 런던의 필수 관광코스로 떠오른 거다. 요즘 한국영화가 국내뿐만 아니라 해외 시장에서도 좋은 반응을 얻고 있고, 투자 규모도 점점 커져가고 있다는 걸 감안하면 충분히 벤치마킹할 수 있을 듯하다. 예컨대 해외시장 진출을 노리는 영화에 시골의 5일장 혹은 경쟁력 있는 우리네 전통시장을 배경 장면으로 삽입하는 것도 방법이다.

문화를 파는 런던 벼룩시장

'캠든 마켓(Camden Market)'도 벤치마킹할 만하다. 캠든 마켓은 리전트 운하(Regent's Canal) 주변에 늘어선 작은 노점상들이 하나둘 모이면서 형성된 시장이다. 일반 의류와 액세서리를 주로 파는 캠든 록 마켓(Camden Lock Market), 고스·펑크 등 하드록풍 의류와 빈티지 의류를 전문으로 파는 스테이블스 마켓(Stables Market), 남미와 인도풍 의류를 파는 캠든 록 빌리지(Camden Lock Village) 등 5~6개의 마켓이 한데 모여 하나의 시장을 형성하고 있다.

이런 대규모 시장이 유명 관광지로 떠오른 이유는 딱 하나다. 독특하고 기괴한 제품들이 즐비하기 때문이다. 캠든 마켓이 펑크족의 발상지로 명성을 떨치는 이유도 여기에 있다. 독특한 콘셉트를 오랫동안 유지하면 상권이 발달하고 소비자와 관광객이 찾아오는 선순환이 만들어진다는 얘기다.

영국 런던 북서지역에 위치해 있는 해로(Harrow) 시장도 본받을 만한 사례다. 이곳은 대부분 퇴근이 늦는 지역민들의 라이프 스타일을 고려해 영업시간을 탄력적으로 운영한다. 개점시간과 폐점시간을 늦춘 거다. 늦은 밤 시간에 할인행사나 특별 이벤트를 집중적으로 실시하는 것도 독특하다. 고객이 부담 없이 쇼핑할 수 있도록 배려함으로써 새로운 고객을 적극 창출하고 있다.

대형마트에 없는 건 바로 스토리

그렇다면 우리나라의 전통시장은 런던의 벼룩시장들을 통해 무엇을 배우고 바꿔야 할까.

첫째, **우리나라 도심 속 전통시장이나 풍물시장은 외부와의 경계가 너무나 분명하다.** 노점상을 단속하고 시장 골목 외에는 영업을 제한하기 때문이다. 하지만 사람의 발길은 그렇게 자로 잰 듯 정확히 끊어지는 게 아니다. 전통시장을 살리려면 각종 규제와 제약을 풀어줘야 하는 이유가 여기에 있다. 시장 상인들 역시 기득권에만 집착하지 말고 다양한 소매상이나 노점상들이 시장 주변으로 결집되는 걸 환영해 줄 필요가 있다. 특히 젊은 상인들을 적극 영입해서 젊은 고객들을 맞이할 수 있도록 해야 한다.

둘째, **우리나라의 전통시장들은 지나치게 식품과 의류 위주의 상**

품 공급에 한정돼 볼거리가 다양하지 못하다. 런던의 벼룩시장처럼 독특한 문화공간으로 자리 잡기 위해서는 관광형 시장(물론 모든 전통 시장에 적용하기는 어렵겠지만)을 목표에 두고 전략을 세울 필요가 있어 보인다. 시장별로 특색 있는 테마를 정하고 그에 맞는 쇼핑품목과 즐길거리를 제공하는 것도 방법일 듯하다.

셋째, **가격 이외의 경쟁적 요소가 필요하다.** 런던의 벼룩시장은 절대 할인을 해주지 않는다. 값을 깎아주지 않는 대신 상인들은 각 상품들에 얽힌 놀랍고 흥미진진한 '이야기'들을 들려준다. 당장의 할인 혜택보다는 두고두고 기억에 남는 값진 스토리텔링을 마케팅에 활용하고 있다는 거다. 물건 값을 흥정하지 않으면 마치 속고 사는 것 같은 우리나라 전통시장의 판매방식이 해결해야 할 과제다.

시장은 사람들의 생활과 활력이 모여드는 곳이다. 사람들이 모이면 문화와 비즈니스가 탄생하고 이야깃거리가 넘쳐난다. 대형마트와 백화점이 아무리 깨끗하고 편리하다 한들 이런 장점은 결코 제공할 수 없다. 전통시장의 활성화는 단지 영세 상인들만을 위한 일이 아니다. 즐겁고 인정이 피어나는 도시 생활을 위해서도 전통시장의 육성과 발전은 꼭 필요하지 않을까.

가성비를 높여라

여러분은 '가성비'란 단어를 많이 들어 보셨을 것이다. '가격 대비 성능'의 줄임말로 소비자가 지불한 가격에 비해 제품의 성능이 큰 효용을 주는지를 나타내는 말이다. 전 세계적으로 계속되는 경기불황으로 인해 가성비를 중요시하는 똑똑한 소비자들이 점점 늘어나기 때문에 생겨난 현상이다.

가치지향형 소비자를 위한 기업들의 질 높은 마케팅의 하나인 '업스케일 마케팅(Up-scale Marketing)'을 진행하는 기업이 있는 반면 아직도 소비자를 봉으로 아는 나쁜 기업도 많아 보인다. 기존시장의 가성비를 높이기 위해 O2O 서비스가 한몫을 하는 세상으로 옮아가고 있는 중이다.

미국에서도
배달의 기수가
달린다

햄버거, 핫도그, 쌀국수. 미국에서 들어온 아이템이다. 반대로 생각해보자. 우리나라 아이템 중 미국에서 성공할 수 있는 것은 뭐가 있을까. 기대보다 많을 수 있다. 그만큼 미국에 비어있는 시장이 크다. 개인 프라이버시를 지켜주고 프리미엄급 만족도를 준다면 기회는 얼마든지 있다.

내 처가는 미국 로스앤젤레스(LA)에 있다. 그래서 미국에 오랫동안 머무를 기회가 많았다. 비즈니스 미팅은 물론 배낭여행도 제법 많이 다녔다. 갑자기 웬 생뚱맞은 소리냐고 말할 독자도 있겠다. 아니다. 한마디로 뉴비즈니스의 힌트다.

첫 번째가 미국의 비데시장이다. 미국의 비데 보급률은 채 5%가 안 된다. 아시아 국가보다 비데를 많이 사용하지 않는다는 얘기다. 2006년에야 처음으로 비데 설치 관련 통계를 냈을 정도다. 당시 미국에 새로 설치된 화장실은 530만 개였던 반면 비데가 설치된 곳은 65만 개에 불과했다.

미국 비데시장 진출 타진할 만

물론 일본 욕실용품의 대명사인 '토토'가 시장진입을 시도하다가 실패한 사례도 있다. 하지만 일본의 실패원인을 잘 분석해 보면 해답이 나온다. 최근 미국의 바이어들은 한국산 비데의 시장진출 가능성을 긍정적으로 평가하고 있다. 실제로 미국 캘리포니아의 주택개조·자재 시공사들이 올해 들어 한국의 비데를 직접 수입하기 시작했다. 아직까지 미국 비데시장은 바이오·콜러·코코 등 일부 기업이 주도하고 있다. 하지만 한국산 비데는 가격경쟁력이 있고 품질이 좋아 성공가능성이 상당히 크다. 당연히 현지 욕실문화에 맞는 고급화와 현지화가 필요하다. 세세한 부분에서 현지에 걸맞게 사양을 변경할 필요도 있다.

현지 전문가 의견을 들어보면 비데는 미국 프리미엄급 소비자의 취향을 만족시킬 수 있으면서도 마진을 많이 남길 수 있는 시장이다. 미국의 노령인구도 갈수록 늘어나고 있기 때문에 시장 전망도 매우 밝아 보인다. 당연히 미국의 대표적인 건축회사나 인테리어 시공업체와 공동으로 시장을 개척하는 방법을 추천하고 싶다.

두 번째는 배달시장이다. 미국에서 배달되는 음식이 무엇일까. 미국에 살아본 경험이 없는 사람이라면 '이건 또 무슨 질문'이냐고 생각할지 모르지만 사실 미국에 유학을 다녀온 사람이나 거주하는 사람들에게 물어보면 잘 알 수 있다.

내가 알고 있는 유일한 배달상품이 딱 하나 있다. 바로 '피자'다. 미국은 우리나라처럼 거의 모든 음식이 배달되지 않는다. 기회의 땅이 당신을 부르고 있는 것이다. 우리나라에서 인기가 많은 배달 애플리케이션(앱)도 미국에서는 가능한 비즈니스로 보인다.

배달 앱을 켜면 반경 3㎞ 이내에 있는 음식점 정보가 화면에 나타나기 때문이다. 스마트폰 세상인 지금, 앉아서 언제 어디서나 쉽게 음식점을 찾을 수 있고, 다른 사람들이 올린 평가 글도 참고할 수 있다.

우선 배달이 가능한 음식점을 회원사로 모집해 이를 앱으로 지속적으로 올리는 방법도 있다. 하지만 택배나 배달 서비스가 완전 정착된 우리나라와 달리 미국은 개인 사생활 보호가 철두철미한 나라다. 개인 프라이버시를 소중하게 생각하는 미국인의 성향을 이해하고 초기 배달사업의 심리적 저항감을 어떻게 무너뜨리느냐가 배달사업의 관건이다. 배달을 할 때에 일어날 수 있는 교통사고 등의 상해 발생 관련 보험 문제도 염두에 두고 사업계획을 세우기를 조언한다.

그래서 그런지 최근 미국에서 배달관련 사업이 상당히 많이 나타났다. 1인 가구 혹은 맞벌이 가구만을 위한 음식제공 회사가 많이 탄생하여 각축전을 벌이고 있는 중이다. 심지어 세계 최고의 영향력을 가진 신문인 '뉴욕타임스'마저 매출 확대를 위해 음식재료 배달사업에 뛰어들었다.

우리나라만의 특별한 배달방식을 미국에 접목 시킨다면 어떤 결과가 나올지 자못 궁금하다. 당연히 식품 관련 배달 서비스인데, **지금까지 미국의 모든 서비스가 한국으로 왔다면, 배달만큼은 우리나라에서 역수출할 수 있는 서비스가 아닐지, 나는 적극 추천하고싶다.**

미국인에게
김밥 혹은
숙면을 선물하라

　미국인에게 김밥은 특별한 건강식이다. 일을 하면서도 먹을 수 있는 듀얼워크가 가능한 식품이라서다. 동양의 대표상품 '힐링'은 미국의 뉴비즈니스 아이템 중 하나다. 미국 소비자를 사로잡을 사업 아이템이라는 얘기다.

　미국인에게 김밥은 날씬한 동양인이 먹는 특별한 건강식이다. 기름기 많은 중국음식에 비하면 김밥은 간단하면서도 뒷맛이 깔끔하다. 매력 있는 음식 중 하나다. 미국에서 김밥으로 성공한 한인교포 사업가가 있다. 대형쇼핑몰에 어렵게 입점한 그는 색다른 마케팅을 펼쳤다. 수많은 종류의 김밥을 직접 만드는 모습을 시연한 것이다. 이 전략은 미국인에게 통했다. 고객에게 앞치마를 입혀 밖에서도 볼 수 있는 키친으로 함께 들어간다. 고객이 직접 김밥을 만들도록 유도한다. 고객이 직접 만든 김밥은 가져가도록 배려했다. 시식용 김밥도 아끼지 않고 제공했다. 체험형 마케팅의 성공사례다.

김밥과 콜라 매칭 흥미로워

미국인들은 피자를 좋아한다. 이유는 간단하다. 일을 하면서도 얼마든지 식사를 할 수 있는 듀얼워크(Dual Work) 식품이라서다. 김밥도 마찬가지다. 한 가지 주목할 게 있다. 김밥과 콜라를 곁들여 먹으면 맛이 배가 된다는 점이다. 음식궁합이 잘 맞는다는 얘기다. **'피자와 콜라'처럼 '김밥과 콜라'는 배달음식으로도 충분히 시장성이 있는 조합이다.**

또 고객이 직접 김밥을 만들게 하는 체험마케팅을 전개하면 입소문이 쉽게 퍼질 수 있다. 미국시장에서 히트할 가능성이 큰 상품인 셈이다. 한 가지 덧붙이자면 김밥시장의 고급화 전략을 추진할 것을 권한다. 지금까지 김밥시장은 '1,000원 김밥'이 대세였다.

여기에 프리미엄 김밥을 내놓는다면 지금과는 다른 형태의 김밥시장이 전개될 수 있다. 지금도 간간히 김밥 한 줄에 4,000원이 넘는 곳을 볼 수 있다. 김밥의 프리미엄 전략을 권하는 이유가 있다. 미국시장에서 통할 가능성이 커서다. 미국은 '가치소비'가 자리 잡은 시장이다. 몸에 좋은 재료를 넣은 김밥이 간편하게 먹을 수 있는 음식이라는 사실이 제대로 알려진다면 미국 중류층 소비자의 주머니를 공략할 수 있기 때문이다. **'건강'과 '맛' 그리고 '시간'을 모두 만족시키는 김밥에 미국인들이 호응하지 않을 리가 없다.**

미국시장을 공략할 아이템은 또 있다. '수면상품'이다. 미국 국립보

건원의 자료에 따르면 미국 성인의 약 3분의 1인 7,000만 명은 수면장애에 시달린다. 뉴욕타임스에 따르면 미국인을 위한 '수면경제(Sleeponomics)' 규모가 미국에서만 한해 200억 달러(약 18조 3,000억 원)에 이른다.

수면무호흡중 등을 검사하는 수면클리닉, 숙면을 돕는 허브와 부적, 600달러짜리 소음 완벽차단 귀마개, 말의 털이 들어가는 6만 달러짜리 숙면침대, 16종류의 매트리스와 30개의 베개를 파는 오프라인 스토어까지 등장할 정도다.

미국 국립수면재단에서 시행한 수면에 관한 조사를 보면 성인의 40%가 낮에 쏟아지는 졸음 때문에 일상생활에 어려움을 겪는 것으로 나타났다. 통계만 보면 미국의 수면산업의 규모가 크다는 걸 한눈에 알 수 있다. 온라인을 통해 수면전문 쇼핑몰을 론칭하고, 서서히 오프라인 쇼핑숍으로 전개할 것을 권한다. 수면상품으로 가장 많이 팔리는 제품은 수면제를 비롯해 매트리스, 수면안대, 수면바지, 코골이용품, 귀마개, 수면을 도와주는 차와 식품이다.

잠자는 시장에 출사표 던질 만

프리미엄 수면용품은 짧은 시간을 자더라도 숙면이 필요한 고소득 전문직 종사자들에게 인기가 높다. 때문에 재력과 능력을 모두 갖춰 이제는 삶의 질을 높이는 것이 목표인 50~60대 소비자의 수요가 있다는 점을 기억할 필요가 있다.

미국판 '힐링산업'도 주목할 만하다. 미국인에게 동양적 사상과 정서를 전달해 마음의 평온을 찾아주는 서비스다. 비만 체형을 지닌 미국인이 많은 만큼 몸의 균형을 찾아주는 식단을 제공하거나 몸과 마음의 균형을 잡아줄 수 있는 명상 서비스 등을 더한다면 금상첨화다.

미국의 잠자는 시장의 무궁한 발전가능성은 허핑턴 사례가 말해 준다. **미국 인터넷 매체인 허핑턴포스트 창업자이자 편집장이었던 아리아나 허핑턴**(Arianna Huffington)**이 편집장에서 사임하고 회사를 떠난 이유가 수면사업 CEO로 변신하기 위해서라는 사실은 무엇을 말해 주는지 이해가 될 것이다.**

한국의 아점을
바꾼
'뉴욕 푸드컬처'

콘텐츠의 힘은 막강하다. 음식문화까지 좌지우지할 정도다. 뉴욕은 미국드라마 등의 콘텐츠 힘을 빌려 국내 디저트, 커피시장에서 막강한 영향력을 발휘하고 있다. 이제 커피전문점에서 베이글을 먹고 길거리에서 미국의 도넛 전문점을 찾는 것은 어려운 일이 아니다. 뉴욕을 타산지석 삼아 전 세계 도시의 유명한 음식문화를 국내에 들여오는 건 어떨까.

뉴욕은 명실상부한 '음식 천국'이다. 뉴욕 시내를 걷다 보면 그야말로 각양각색의 음식이 사람들을 유혹한다. 뉴욕에서는 길에서 파는 음식조차 일정한 스타일과 격을 갖춰야 한다. '뉴요커들은 입으로 음식을 먹기 전에 눈으로 먼저 먹는다'는 말이 있을 정도다. 이런 이유로 뉴욕의 셰프들은 맛뿐만 아니라 시각적 효과에도 신경을 기울일 수밖에 없다. 뉴욕에서 얼마간 지내다 서울로 돌아오면 뉴욕의 화려한 색상과 탁월한 맛의 음식들이 뇌리에 박혀 한동안 잊어지지 않는다.

뉴욕의 매력에 빠져 여러 차례 여행을 다녀오거나 유학을 떠나는 젊은이들이 부쩍 늘었다. 이들은 이른바 '뉴욕의 맛과 멋'을 한국에 전파하는 첨병 역할을 하고 있다. 미드(미국 드라마) 역시 비슷한 역할을 하고 있다. 미국은 다양한 인종의 사람들이 모여 이룬 '도가니(Melting Pot)' 같은 나라다. 그렇기 때문에 어느 한 가지 면만 보고 파악하기 어렵다. 이런 미국이 전 세계에 미치는 영향은 막대하다. 특히 문화 콘텐츠가 그렇다.

누구나 할리우드 영화나 케이블 TV에서 방영되는 미드의 주인공이 되는 상상을 해본 적이 있을 것이다. 이들 콘텐츠는 우리의 삶에 서서히 침입해 막강한 영향력을 발휘하고 있다. 미국 드라마에서 주인공이 입은 옷이나 아침식사 스타일 등이 우리의 생활 속으로 침투해 식탁과 거실을 점령하기 시작한 것이다. 문화 콘텐츠의 경우 한번 그 매력에 빠져들면 중독성이 강해 쉽사리 헤어나기 어렵다. 마치 K-팝에 매료된 동남아·남미·유럽의 열성팬들처럼 말이다.

이 때문인지 우리나라 대기업들은 미국 문화에 익숙해져 있는 젊은 층 입맛을 본격적으로 사로잡고 길들이기에 돌입한 듯하다. 예를 들어 2030세대를 위한 아침식사로 베이글·도넛·와플 전문점에 뛰어들고 있는 게 그렇다.

브런치 문화 갈수록 확산

특히 도넛 시장에는 GS리테일(미스터도넛)·롯데리아(크리스피크림도넛) 같은 대기업들이 잇따라 진출했다. 미국 토착브랜드 '도넛플랜트뉴욕 시티'까지 가세하며 도넛 시장을 넓혀가는 한편 최근에는 일본에서 건너온 '하라도너츠'까지 경쟁 대열에 합류하기도 했다.

베이글 시장도 눈에 띄게 성장했다. 베이글이 우리나라에 상륙한 건 20년이 조금 넘었다. 이제 베이글은 커피전문점에서 쉽게 찾아볼 수 있는 메뉴가 됐다. 최근 많은 커피전문점들은 커피 값을 평균 이하로 책정해 고객을 유인하고 베이글이나 컵케이크 같은 음식 메뉴로 수익을 창출하고 있다. 이는 브런치 문화의 확산과 무관치 않다.

브런치로 간단하게 커피와 베이글 등을 즐기는 이들이 늘어난 것이다. 아침 겸 점심으로 먹는 식사를 우리는 '아점', 영어로는 '브런치(Breakfast+Lunch=Brunch)'라고 한다. 이런 브런치 문화는 미국문화의 영향력이 컸다. 실제 브런치 문화가 확산되는 데는 미국 TV드라마 '섹스 앤 더 시티'가 큰 역할을 했다. 뉴요커 4명의 여주인공들이 요란하게 수다를 떨며 브런치를 먹는 모습을 통해 대리만족을 느끼거나 더 나아가 그들과 자신을 동일시하고 싶어 하는 소비자가 늘어난 것이다.

최근 대형 유통업체들은 뉴욕의 패션과 스타일을 소개하는 행사를 잇달아 열고 있다. 이처럼 뉴욕의 라이프 스타일이 우리나라 식문화의 얼리어답터(early adapter)들 사이에서 큰 반향을 일으키고 있다. 새로운 식품문화 관련 비즈니스에 뜻이 있다면 뉴욕문화에 소홀해서는 안 되는 이유다. 자영업자 1,000만 명 시대가 열렸다. 세계 유명 도시의 맛을 서울 혹은 대도시에서 선보이고 싶다면 아직 비어 있는 시장이 상당하다. 뉴욕뿐만 아니라 세계 유명 도시의 특별한 맛을 서울과 대도시의 소비자에게 선보인다면 싫어할 사람이 있을까.

에너지음료에 숨은
높은 리스크를
피하라

　에너지음료의 주요성분인 카페인과 타우린을 함께 복용하면 부작용이 발생할 수 있다. 카페인은 내성이 강한 물질이어서 각성효과를 보려면 더 많은 양을 섭취해야 하기 때문이다. 카페인 일일 섭취권장량 125㎎인 청소년이 에너지음료를 지속적으로 섭취하면 칼슘 흡수 불균형은 물론 저골밀도·골다공증 등 질병에 시달릴 수 있다.

　몇 년 전 버스로 미국 서부를 여행할 때였다. 오랜 버스여행으로 심신이 지쳐 졸린 눈을 하고 있던 나에게 버스기사가 음료수를 권했다. 국내에서 보지 못했던 생소한 제품이었다. 뭔지도 모르고 벌컥벌컥 마셨다. 정신이 번쩍 났다. 나중에 알고 보니 '에너지음료'였다.

　요즘 우리나라에서는 에너지음료가 인기다. 성인 남녀는 물론 청소년도 즐겨먹는 듯하다. 시장조사업체 AC닐슨에 따르면 에너지음료 구매자는 20대(41%), 10대(23%), 30대(21%), 40대(15%) 순이다. 주요

소비계층이 10~30대인 셈이다. 흥미로운 점은 에너지음료 시장이 기존 탄산음료 시장과 다른 양상을 보인다는 것이다. 남성 소비자의 구매력이 높기 때문이다. 편의점 업계에 따르면 차·비타민 음료는 남성 구매 비율이 30~35%에 그치지만 에너지음료는 70%를 웃돈다.

그렇다면 에너지음료는 언제 마셔야 하는 것일까. 유명 에너지음료 사이트 FAQ에 나온 내용을 참고해보자. 격무에 시달릴 때, 나른한 장거리 운전 시, 운동을 하기 전이나 시험보기 전, 업무를 시작하기 전, 콘서트 무대에 오르기 전, 스포츠 경기에 돌입하기 전, 밤새도록 파티를 즐기기 전에 에너지음료를 마실 것을 권하고 있다. 에너지음료 권장 사항 초점이 성인 남성에 맞춰있는 것이다.

문제는 젊은 남성에 맞춰진 전용음료가 전 연령에게 판매되고 있다는 것이다. 에너지음료는 고(高)카페인 음료다. 카페인 음료의 주성분은 타우린과 천연카페인(과라나 추출물)이다. 카페인은 중추신경을 흥분시켜 각성작용을 한다. 화학적으로 중추신경을 흥분시켜 일시적으로 잠을 쫓는다는 얘기다.

그런데 에너지음료의 주요성분인 카페인과 타우린을 함께 복용하면 부작용이 발생할 수 있다. 카페인은 내성이 강한 물질이어서 각성효과를 보려면 더 많은 양을 섭취해야 하기 때문이다. 카페인 일일 섭취권장량 125㎎인 청소년이 에너지음료를 지속적으로 섭취하면 칼슘 흡수 불균형은 물론 저골밀도·골다공증 등 질병에 시달릴 수 있다. 어린이와 청소년의 에너지음료에 대한 강력한 규제가 필요한 이유다.

하지만 현실은 그렇지 않다. 몇 년 전 한국소비자원은 에너지음료 11개 제품에 대한 조사결과를 발표했다. 한국소비자원은 "에너지음료를 청소년이 하루 2병 이상 마시면 카페인 권장 섭취량을 초과해 인체에 위험하다"고 지적했다. 그러면서 카페인 일일 권장 섭취량은 성인 400㎎ 이하, 어린이와 청소년은 체중 ㎏당 2.5㎎ 이하라고 덧붙였다.

원론적인 지적만 했다는 인상을 지울 수 없다. 한국소비자원의 설립취지는 소비자의 권익을 증진하고 소비생활의 향상을 도모하는 것이다. 국민경제의 발전에 이바지하기 위해 국가에서 설립한 전문기관이다. 하지만 한국소비자원이 국민건강 보호 차원의 시스템에 제대로 작동하고 있는지 의문이다.

미국을 보자. 최근 미국 식품의약국(FDA)은 카페인이 들어간 음료·껌·사탕·과자식품을 전면 조사하기로 했다. 특히 신경계·심혈관계가 성장하고 있는 어린이의 경우 카페인이 해로울 수 있다는 점을 근거로 삼았다. 아울러 미국 뉴욕시 보건당국은 대용량 탄산음료 판매제한 조치를 두고 법정다툼을 준비하고 있다. 스포츠음료·차·에너지음료가 치명적일 수 있으니 규제하겠다는 것이다.

정작 국내는 조용하다. 한국소비자원은 느긋한 행동을 보이고 있고, 수많은 전국 대학병원·가정의학과 교수들은 위험천만한 에너지음료에 대해 소리를 높이지 않는다. 카페인을 많이 복용할 경우 불안하고 초조해질 뿐만 아니라 부정맥이 생길 수 있다. 함량 제한, 광고 금지 등 규제가 필요한 이유가 여기에 있다.

고카페인 음료와 저카페인 음료로 나눠 알려주고 복용 시 유의점을 알려주는 것, 국가가 앞장서서 해야 할 일 아닐까.

국가가 자국민의 건강을 위해 할 수 있는 일이 겨우 사후약방문이라면 제2의 가습기 사건은 앞으로도 계속 나타날 것이다.

과대포장은
이제 그만!
에코포장은 OK!

몇 년 전, 대학생 두 명이 과자 봉지 160개로 뗏목을 만들어 한강 건너기에 성공했다. 과자 봉지를 이용한 한강 건너기 퍼포먼스는 우리가 얼마나 과대포장 환경 속에서 살고 있는지 여실히 알려 주는 계기가 되었고, 국내 과자 제조업체에게는 긴장감을 잠시 불러 일으켰다. 하지만 이런 소비자의 노력도 잠깐 반향만 일으켰을 뿐, 항구적인 대책을 세워 소비자 주권을 되찾지는 못하고 있는 상태다.

나는 해외 마켓 조사를 하게 되면 상당히 많은 제품군을 조사하게 된다. 식품분야, 패션분야, 생활용품분야 등 다양한 업종 제품군의 포장상태 및 포장방식 그리고 포장외관에 기재된 소비자를 위한 정보 등을 유심히 관찰하게 된다.

지난 추석에도 선물 과대포장 단속에 나선 정부와 지자체에 따르면 점검대상 품목은 제과류, 농산물류(과일, 육류), 주류(양주, 민속주), 화장품류, 잡화류(완구, 벨트, 지갑) 등이라 한다. 이를 통해 우리는 어떤 종류의 제품군에서 과대포장이 오랫동안 지속적으로 진행되었는 지를 알 수 있다.

대부분의 선진국에서는 과대포장의 제품을 찾을 수 없다는 것이 내 해외시장 조사 결과다. 해외 선진국 소비자들은 스스로 과대포장 제품을 구입하지 않고, 친환경적인 이미지를 주는 제품 위주로 구매를 하는 소비자의식이 명확히 있기 때문이리라 본다. 과대포장이 지구환경에 미치는 악영향에 대해 이야기를 하지 않는다 하더라도, 불필요한 포장방식의 개선이 이뤄지지 않는 이유는 당연해 보인다.

세계적인 기업들은 대부분 선물세트 자체에 손잡이를 만들어 추가 쇼핑백 사용을 줄이거나, 플라스틱 용기 대신 옥수수, 감자 전분으로 만든 생분해성 용기를 사용하거나 스티로폼 대신 재생용지를 완충제로 쓰는 등 '친환경 포장'을 위해 애쓴다. 심지어 포장재를 먹을 수 있는 시도가 진행 중에 있다.

★ <u>사례1.</u> 독일 등 유럽에서 전개되는 '포장제로' 마켓 = 2015년 9월 독일 베를린에서 문을 연 한 슈퍼마켓은 '포장 제로' 전략을 썼다. 기존 슈퍼마켓과 달리 용기를 재사용하고 원하는 상품을 원하는 양만큼 구입할 수 있는 방식이다. 이를테면 소비자가 원하는 크기의 용기(장바구니)를 가져오는 'BYOC(Bring your own container)' 전략이다. 물론 우리나라 소비자들 중에서도 '자신만의 용기'를 갖고 쇼핑을 보는 이들이 많다. 하지만 그다음이 다르다. 독일 슈퍼마켓은 소비자가 원

할 경우 재활용이 가능한 용기, 분해가 가능한 종이가방을 준다. 이런 '포장 제로 숍 프로젝트'는 독일뿐만 아니라 프랑스·덴마크 등 유럽에 확산 중이다.

★ <u>사례2.</u> 미국에서는 먹을 수도 있는 포장재를 개발, 진행 중 = 미국 농무부(USDA) 동부지역연구센터 연구진은 우유 단백질인 '카제인'을 이용해 환경에서 잘 분해되면서 먹을 수도 있는 식품 포장재를 개발했다. 카제인에 레몬과 라임 껍질 등에 들어있는 성분인 펙틴을 섞어 투명한 필름(포장재)을 만든 것이다. 이 필름은 먹고 남은 음식을 싸둘 때 쓰는 랩처럼 보이지만 잘 늘어나지는 않는다. 기존 봉지나 식품 포장재로 쓰는 폴리에틸렌(LDPE)보다 산소를 막는 성질이 500배 더 강하다. 이에 따라 녹말로 만들어 자연에서 분해되는 포장지의 단점을 보완할 수 있을 것으로 보인다.

★ <u>사례3.</u> 일본의 제품포장 박스 및 상품소개서 기획에 남다른 비법이 보여 = 우리가 구매하는 여러 종류의 상품에는 상품을 소개해주는 안내서가 동봉되어 있다. 이 안내서는 상품 구성의 하나로서 상품 가치를 높여 주는 상당히 중요한 역할을 하게 된다. 이렇듯 상품가치를 높여 주는 안내서를 그냥저냥 쉽게 만드는 우리나라 제조업체를 보게 되면 상당히 실망이 크다. 그렇지만 일본 상품을 구입해 본 분들은 아시겠지만 상품소개서가 정말 훌륭하다. 고객을 고객답게 취급해 주는 듯 한 아주 상세한 안내서를 보면서 제조업체

사장과 직원들의 마음까지 전달되는 듯한 느낌이다.

도쿄에 가면 반드시 먹어야 한다는 로이스 초콜릿은 맛에 한 번 놀라고, 상품소개서에 두 번 놀라게 된다. 접이식으로 여러 가지 내용을 어쩌면 그렇게도 오밀조밀하게 죄다 넣어서 제작하였는지. 제품 종류별 사진과 특징, 세트별 종류와 특징, 인터넷쇼핑몰 관련 자료, 카탈로그 신청서 양식, 그리고 직영 점포에 관한 소개 등 조그만 상품소개서에 어쩌면 이렇듯 많은 정보를 잘 편집해서 넣었는지 감탄하게 된다. 아마 백여 년 내려오면서 여러 실수를 겪으면서 나오게 된 상품소개서의 방식이 아닌가 생각하게 만든다.

이제 결론으로 들어가 보자. **대한민국 제품들의 과대포장 이력은 20~30년 전으로 거슬러 올라간다. 이는 자신의 이력을 되도록 과대포장하려는 기성세대부터 시작된 암묵적 사회용인 현상이 아닌가 싶다.** 이제부터라도 포장의 순기능에 집중해서 원가를 줄이기 바란다. 또한 불필요한 기능이 많은 상품의 부가기능을 빼고 제조한다면 새로운 가격이 눈에 보이기 시작할 것이다. 그리고 에코포장을 통해 회사와 상품의 혼을 제대로 표현하는 콘텐츠 제공에도 많은 경영 노하우가 필요해 보인다.

실패를 성공의 지렛대로 활용하라

우리나라의 조금 산다고 하는 집에 있는 '다이슨 청소기'. 전 세계 혁신의 아이콘인 '다이슨' 브랜드의 실패경험은 아마 세계 최고일 듯싶다. 다이슨은 1979년부터 5년간 무려 5,127개의 시제품을 제작한 끝에 원심분리기를 장착한 먼지봉투 없는 최초의 진공청소기를 개발하는데 성공한 기업이다.

전 세계에서 다섯 손가락 안에 꼽히는 갑부이자 미국 최대 전자상거래 업체 '아마존' 창업자 제프 베저스가 오늘날 성공하게 된 이유는 바로 실패에 대한 남다른 시각 때문이다. 그는 아마존을 세상에서 '실패' 하기에 가장 좋은 곳으로 만들고 있다는 취지의 인터뷰를 자주 한다.

이에 비해 우리네 실패에 대한 시각은 어느 정도인지는 여러분이 더 잘 알 것이다. 지금의 실패를 그대로 묻어버리지 말고 대단한 성공으로 전환시킬 지도자가 절실한 시점이다. 실패의 콘텐츠를 성공의 지렛대로 바꿀 용기와 도전이 필요한 시대다.

규제의 벽에 선
푸드트럭, 시동이
전혀 걸리지 않는다

푸드트럭 규제를 풀겠다고 한 게 4년 전이다. 하지만 푸드트럭은 아직 그리 눈에 띄지 않는다. 왜일까. 규제를 풀겠다고는 했지만, 뭘 어떻게 풀어야 하는지 담당 부처가 모르고 있어서다. 푸드트럭의 성공비결, 원조인 미국을 보면 해법이 보인다.

내가 미국 LA에서 푸드트럭을 본 게 2007년 여름이니 약 10년 전쯤이다. 지금도 미국 대도시에는 스트리트형 푸드트럭이 즐비하다. 미국·캐나다·유럽 등 선진국 유명 도시에선 푸드트럭이 익숙하다. 점심시간에는 양복을 차려입은 사무직원들의 줄이 길게 늘어서 있다. 전 세계 음식 경합장으로 변한 스트리트 푸드점을 보면서 우리나라에도 푸드트럭을 들여오면 잘 될 것이라 예상했다. '빨리빨리'를 항상 입에 달고 다니는 한국인에게 안성맞춤형 사업이 아닐까 생각해서다. 하지만 현실은 예측을 완전히 빗나갔다.

시간을 4년 전으로 되돌려 보자. 2014년 3월 20일, 청와대에서 벌어진 끝장토론은 장장 7시간 동안 전국 방송을 통해 생중계됐다. 주제는 규제개혁과 철폐였고, 공무원의 보신주의에 의해 생긴 '손톱 밑 가시'를 없애려고 연출한 정·관·민 합동회의였다. 당시 가장 먼저 규제개혁 대상으로 나온 게 푸드트럭이다. 대통령 앞에서 규제를 풀겠다고 약속했던 주무장관은 난감해졌다. 앞으로 발생할 몇 가지 문제가 눈에 보이기 시작해서다.

첫째, 푸드트럭은 기존 길거리 상점과 정면충돌할 수밖에 없다. 지방자치단체와 체육시설, 놀이공원 등 관리 기관의 허가를 받아 영업 중인 기존 길거리 상점의 반발이 예상된다.

둘째, 푸드트럭 사업의 핵심인 '이동성'이 전혀 보장받지 못한다. 영업 허가를 받은 곳을 이탈해서 자기 마음대로 장소를 정해 장사를 하면 불법이기 때문이다. 이동성이 보장받지 못하는 푸드트럭은 기존 노점상과 다를 바 없다.

셋째, 이동성이 보장되더라도 푸드트럭 주인이 매일매일 위치와 오늘의 메뉴를 알리는 SNS에 능통하지 못하면 일반음식점 영업과 차별화되지 않는다.

그런데도 규제개혁의 다크호스로 나타난 푸드트럭이 인기리에 전개되는 이유는 무엇일까. 21세기 디지털 세상에서 소비자들은 움직이면서 모든 일을 하게 됐다.

나이·장소에 맞게 차별화 해야

손 안의 컴퓨터라 할 수 있는 스마트폰 덕분에 '트랜슈머(transumer)'가 나타난 거다. 이런 트랜슈머를 잡는 마케팅 중 하나가 바로 푸드트럭이다. 먹는 거라고 움직이면서 못하란 법은 없다. 원조라 할 수 있는 미국의 푸드트럭이 성공한 요인 4가지를 살펴보자.

첫째, 푸드트럭 주인은 철저한 시장조사를 통해 틈새시장을 찾아냈다. 자신이 가장 잘하는 음식의 경쟁자는 누구이며 어디에 있는지, 자신이 만든 음식을 먹어줄 고객이 누구이고 어디에 있는지, 시간대별로 어느 장소가 좋을지 등 수많은 검증의 시간을 거쳤다.

둘째, 일반 유명 음식점과 같거나 더 나은 '맛'과 '품질'을 유지하고, 나아가 자신만의 독특한 맛을 개발해 마니아층을 형성했다.

셋째, 주머니가 가벼운 서민들을 위해 합리적인 가격을 제안했다.

넷째, 골라먹는 재미(엔터테인먼트)를 더했다. 멕시칸·브라질·타이·인도·이슬람·지중해·한식 등 세계 각국의 음식을 골라 먹을 수 있게 특정 지역에 밀집했다. 트위터·페이스북·홈페이지 운영 등 소셜미디어 활용은 기본 중의 기본이다.

자, 그럼 우리나라 푸드트럭 창업이 연착륙하려면 어떻게 해야 할까. 2030 청년창업자라면 캠퍼스 내에서 푸드트럭이 아닌 '푸드카트' 형식으로 장사를 전개할 수 있다. 캠퍼스의 동선이 넓지 않으니 바퀴 달린 카트형식이 훨씬 효율적이다. 미국 쉐이크쉑 버거가 태동할 때처럼 말이다.

4050 장년창업자라면 낮에는 사무실 밀집지역에서, 밤에는 유흥지 인근에서 푸드트럭을 운영하도록 사업면허를 줄 수도 있다.

　물론 이들이 움직이는 공간은 도시 전체로 넓혀야 하고, 일정 해당 지역에는 한정된 숫자로 인가받은 개인사업자만 장사를 할 수 있게 해 기존 상권과의 충돌을 최소화해야 한다. 즉, **나이에 따라 지역과 장사 형태를 달리 하도록 허가를 내줄 수 있단 얘기다.**

규제를 가득
태운 '교토버스'

　선진국일수록 엄격한 법규를 갖고 있고, 그 법규를 잘 지킨다. 반대로 후진국일수록 법규는 있지만 지키는 이가 드물다. 목소리가 크고 힘이 센 사람이 이기는 사회가 될 수밖에 없는 이유다. 우리나라의 힘 있는 이들은 어떨까. 규제를 풀어주면 그 환경을 건전하게 운영할까.

　우리나라 유명 인기그룹 자자의 노래인 '버스 안에서'처럼 참으로 황당한 일을 소개하려니 웃음부터 나온다. 일본의 모든 대중교통 수단에 노약자를 위한 자리가 있다는 것을 잠시 잊어버린 탓에 발생한 우발적인 사건이다. 내가 홀로 일본 배낭여행 중 교토(京都)에서 있었던 일이다. 저녁 6시, 교토역에서 '교토 유스호스텔'로 가는 버스에 탑승했다.

　교토중앙역이 종점이어서 버스에 승차했을 때 모든 자리가 비어 있었다. 그래서 운전석 두 칸 뒤에 자리를 잡았다. 내릴 곳을 운전사에게 물어볼 요량이었다. 4~5개 정거장을 지났을까. 많은 샐러리맨이 탑승을 했다. 그런데 아무리 사람들이 타도 텅 빈 나의 옆자리에 앉으려는 사람이 없었다. 분명히 옆자리가 비어 있음에도 그랬다.

이상하다 싶어 두리번거리니 뭔가가 눈에 들어왔다. 한문으로 쓰여 있는 '노약자석'이라는 문구였다. 우리나라 같았으면 누군가 내 옆자리에 은근슬쩍 앉지 않았을까.

그런데 교토 사람들은 그러지 않았다. 나와 눈을 마주치는 사람들도 없었다.

나는 교토 사람들이 법규범을 지키는 모습을 존경스런 눈으로 쳐다봤다. 일어나기 창피했던 연유도 있었다. 한참을 지나 내 옆에 한 노인이 앉았고, 영어로 이렇게 물었다.

"어디서 왔습니까. 또 어디로 가고 있습니까?"

노인이었지만 지식인처럼 보였다. 또박또박 나의 행적과 여행할 곳을 알려 주니 몇 정거장이 지난 후 내리라는 친절한 멘트와 함께 '즐거운 여행, 유익한 여행이 되길 빈다'는 덕담까지 건넸다. 교토 버스 안에서 나는 일본인의 매뉴얼 준수 모습을 목도했다.

노약자석은 노인과 어린이, 그리고 임산부만 이용할 수 있는 특별 지역이다. 누구나 아는 내용을 묵묵히 실천하는 교토 사람들의 모습은 인상적이었다.

우리나라에서 늦은 귀가시간에 지하철을 타면 나이가 50대만 되더라도 빈 노약자석에 버젓이 앉아 신문을 보거나 잠을 청하는 경우를 흔히 볼 수 있다.

당신은 피곤한 퇴근시간에 빈 노약자석을 보고 앉을 건가, 아니면 그냥 서서 집까지 갈 것인가.

일본에는 공공질서를 유지하기 위한 법규가 상당히 많다. 흥미롭게도 자전거를 탈 때도 지켜야 할 법규가 있다.

★ 자전거를 타면서 휴대전화, 흡연, 개와 함께 산보를 할 수 없다.

★ 추월할 때는 제외하고 나란히 가는 것을 금지한다.

★ 음주운전을 금지한다.

★ 다른 차량에 매달려 가는 행위를 금지한다.

★ 자전거 주차공간에서만 주차가 가능하다.

★ 아무데나 주차하게 되면 주차위반딱지를 받는다.

자전거가 이 정도인데, 차량은 어떨까. 물론 더 엄격하다. 지정속도를 어기면 벌금으로 끝나는 게 아니라 입건도 가능하다.

아무리 좋은 차를 소유해도 속력을 내지 못한다. 사고가 나는 날이 바로 머리 아픈 기간의 연속이 된다. 경찰조사를 꽤 길게 받아야 하고, 경찰조사가 끝나야 보험처리를 진행할 수 있다. 이처럼 일본 국민들은 정말 법규를 잘 지킨다. 비단 일본만이랴. 선진국일수록 엄격한 법규가 있고, 그 법규를 잘 지킨다. 반대로 후진국일수록 법규는 있지만 지키는 이들이 드물다.

무분별한 규제완화, 괜찮나

박근혜 정부가 무분별한 규제완화를 진행하고 있다. 선진국에서는 소비자 중심으로 규제를 더욱 철저히 시행하고 있는 반면, 우리나라만 무조건 규제완화를 이야기한다. 부분별로 적절한 규제 속에 자유로운 경제가 될 수 있도록 선별하는 것은 오로지 소비자, 사용자의 의견을 따라야 할 것이라 본다.

더 중요한 건 각종 규제가 풀렸을 때 목소리 또는 힘이 센 자가 그 환경을 건전하게 운영할 수 있는 소양을 갖추고 있느냐다.

나는 아니라고 본다. 우리는 어쩌면 더 강한 규제가 필요할지 모른다. 교토에서 느낀 바다.

법망 밖에 있는
노점은 없더라

최근 서울시 곳곳에서 구청과 노점 간 충돌이 잦다. 이유를 알아보니 서울시가 추진하는 '노점 특화거리 조성'이라는 갈등의 진원지다. 법 테두리 바깥에서 우후죽순으로 생겨난 노점을 법망 안으로 끌어들이는 사업 과정에서 진통이 발생한 듯하다. 문제는 이런 갈등이 어제오늘의 일이 아니라는 점이다.

★ __사례1.__ 유적지에 늘어선 불법 노점 = 몇 년 전 내 아이들(지금은 대학생)이 초등학교 다닐 때, 우리나라 역사를 가르쳐 줄 겸 해서 백제의 수도였던 공주·부여 등을 둘러본 적이 있다. 당시 유물이 있던 '정읍사지 5층 석탑'을 보고 나오는데, 고색찬란한 유적지 담벼락에 기대 상행위를 하는 노점상 수십 명이 눈에 들어왔다. 위대한 백제 문화와 선조의 얼을 기리며 상념에 젖었던 나는 이 낯선 풍경에 일순간 얼어붙었다. 물론 관점의 차이일 수 있다. 하지만 더 큰 문제는 이 노점상들로 인해 인도를 걸어갈 수 없다는 점이었다.

★ <u>사례2</u>. 핀란드 헬싱키 '레스토랑 데이' = 핀란드의 헬싱키는 2011년부터 3개월마다 주말 하루를 정해 '레스토랑 데이'라는 이벤트를 열고 있다. 이날은 '누구든지 장소의 제약 없이 어떤 음식이든지 팔 수 있는' 날이다. 이 때문인지 공원에 설치된 좌판에는 세계 각국에서 몰려온 사람들이 음식을 맛보느라 정신이 없다. 이런 이벤트를 개최하는 이유는 핀란드 음식이 '세계에서 가장 맛없다'는 오명을 씻기 위해서란다. 노점은 언제든 문화가 될 수 있다는 걸 잘 보여주는 사례다.

★ <u>사례3</u>. 전통시장서 문화를 팔다. 일본 교토(京都)는 1,000년 도시로도 불린다. = 우리나라 관광객들이 많이 찾아가는 필수 관광코스이기도 하다. 교토는 794년 나라(奈良)에서 수도가 이전된 후 도쿄(東京)로 다시 옮겨가기 전까지 약 1,100년 동안 천황이 머무른 일본의 수도였다. 그만큼 역사가 깊다.

이런 교토에는 500년 전통의 '니시키(錦市場)' 시장이 있다. 500년 동안 교토 주민들의 사랑으로 받으며 발전해 '교토의 부엌'으로 불린다. 니시키 시장에는 전통시장의 과거와 현재, 미래가 공존한다. 그래서인지 교토에서는 별도의 노점상이 없다.

나는 지난 30여 년간 세계 각국의 50여개 도시를 비즈니스 여행차 다녀왔다. 결론을 말하면 내가 가본 선진국 도시 대부분에선 노점을 발견하지 못했다. 핀란드의 사례처럼 일정한 날, 일정한 공간에서 이벤트 방식으로 축제를 여는 노점은 존재했지만 법망 밖에 있는 노점은 찾아볼 수 없었다.

내가 한국과 같은 노점을 발견한 곳은 베이징(北京), 상하이(上海)가 고작이었다. 이에 따르면 서울시를 비롯한 각 지자체가 추진 중인 노점정책은 케케묵은 과제일지 모른다.

물론 노점은 대한민국 유통의 한 업태임에 틀림없다. 내 주장은 노점이라는 업태가 법망 안에서 활약을 할 수 있는 생태계를 만들자는 거다. 이런 생태계를 만들기 위해선 노점상 대표, 시민대표, 지자체 담당자 등 3자가 원칙과 합의를 이끌어내야 할 것이다.

특히 우리 노점은 주로 식품을 취급한다. 때문에 철저한 위생관리가 전제돼야 한다. 노점이 일반 식당처럼 지자체에 영업등록을 하고 주기적으로 위생검열을 받아야 하는 이유다. 한발 더 나아가 노점 역시 지역 문화에 공헌하는 '이익단체'로 거듭나야 한다. 그러기 위해선 국민의 의무인 세금 납부를 꺼려선 안 된다. 노점이 제대로 정착하려면 노점상의 노력도 필요하다.

하이텔은
왜 네이버가
되지 못했나

"새로운 성장엔진을 발굴해야 한다." 약 10년 전, 전문가들이 강조했던 얘기다. 그런데 최근 10년 전과 똑같은 얘기가 나오고 있다. 여전히 새로운 성장엔진을 못 찾았다는 건데, 왜 그럴까. 새로운 성장엔진을 찾기 위한 도전정신이 부족했기 때문이다. '무너진 IT왕국' 하이텔의 사례부터 확인해보자.

★ **사례1.** 1990년대 하이텔의 최대 회원 수는 약 350만 명. 하이텔은 당시 거의 모든 온라인 사용자를 회원으로 거느린 IT업계의 절대강자였다. 하지만 하이텔은 2004년 7월 '파란'이라는 포털업체에 통폐합(파란은 2012년 8월 다음에 통폐합)되면서 공식적으로 간판을 내렸다. 하이텔이 문을 닫게 된 이유는 간단하다. 1999년 이후 통신기술의 발달로 PC통신(폐쇄형 정보공유 방식)이라는 서비스가 인터넷(개방형 정보공유 방식)으로 빠르게 대체되면서 존립 이유가 사라졌기 때문이다.

★ <u>사례2.</u> 2005년 67시간의 논스톱 세계일주 단독 비행에 성공한 미국의 억만장자이자 모험가 스티브 포셋. 그는 2년 후인 2007년 9월 또 다른 비행을 하다 실종돼 2008년 10월 시신으로 발견됐다. 그는 죽기 전까지 수많은 도전을 펼쳤다. 1985년엔 영불(英佛) 해협을 헤엄쳐 건넜고, 1992년엔 세계에서 가장 길고 험난하다는 '알래스카 이디타로드 개썰매 경주'에 참가했다. 1996년에는 세계 최고의 자동차 경주인 '24시간 르망 모터레이스'에 도전했다.

위험한 도전들이 많았던 만큼 죽을 고비를 넘긴 것도 여러 번이다. 1997년 열기구 단독 세계 일주 첫 도전 때는 러시아에 불시착했고, 1999년에 재도전했을 때는 폭풍우를 만나 호주 해안에 곤두박질 치기도 했다. 하지만 그는 5번의 실패 끝에 결국 지난 2002년 혼자서 열기구를 타고 13일 8시간 33분 동안 3만 3,195㎞를 비행, 세계 일주에 성공했다. 세계 최초였다. 스티브 포셋은 이 세상에서 사라졌지만, 그의 위대한 도전정신은 미국인들에게 영원히 살아 숨 쉬고 있다.

자! 이 사례들을 보고 무엇이 느껴지는가. 그렇다. 두 사례는 **도전정신이 부족했던 하이텔처럼 시대의 변화에 부응하지 못한 채 기억의 뒤안길로 사라질 것인지, 스티브 포셋처럼 꾸준히 새로운 도전을 펼쳐 영원한 모험의 아이콘으로 남을 것인지를 묻는다.**

경기 침체, 그 암울한 전망

왜 하필 도전정신일까. 몇 년 전부터 세계 경제는 살얼음판을 걷고 있다. 2008년 미국에서부터 시작된 글로벌 금융위기 이후부터다. 남유럽 재정위기, 최근의 브렉시트(Brexit·영국의 유럽연합 탈퇴)처럼 언제 어디서 어떤 일이 어떻게 터질지 모르는 상황이다. 더 큰 문제는 무엇이 어디서부터 잘못된 건지, 현재의 상황이 언제까지 지속될 것인지를 아무도 모른다는 거다. 공부깨나 한 모든 박사도 꼬리를 내리고 숨어 버렸다. 전문가라는 사람들이나 일반인이나 미래를 내다보지 못하는 건 매한가지라는 얘기다.

향후 경기가 좋아질 것 같지도 않다. 여기저기서 글로벌 저성장 국면이 장기화할 수 있다는 전망이 나올 정도다. 최근 파이낸셜타임스는 미국 경기 둔화, 일본·유로존(유로화 사용 19개국) 경기 회복세 제한, 브렉시트로 인한 보호무역주의 확산, 26조 6,600억 위안(약 4,800조 원)에 달하는 중국 부채 문제의 심각성 등으로 인해 글로벌 저성장이 고착화할 가능성이 높다고 진단했다. 글로벌 투자은행(IB)인 모건스탠리는 브렉시트 여파로 세계 경기가 침체할 확률이 종전의 30%에서 40%로 높아질 것으로 내다봤다.

주요 금융기관들은 2016년 세계 경제성장률 전망치를 계속 하향 조정했다. 골드만삭스는 기존 3.1%에서 3.0%로, 뱅크오브아메리카는 3.4%에서 3.0%로, 노무라종합연구소는 3.1%에서 2.9%로, JP모건은 2.5%에서 2.4%, 씨티은행은 2.5%에서 2.4%로 세계 경제성장률 전망치를 각각 낮췄다.

거시경제가 신통치 않은 만큼 기업 사정 역시 혹독하기 짝이 없다. 한국경제연구원은 '우리나라 기업의 역동성 저하 점검' 보고서를 통해 300인 이하 중소기업이 300~500인의 중견기업으로 성장한 비율이 0.06%, 1,000명 이상 대기업으로 성장한 기업이 0.0007%에 불과하다고 지적했다. 창업 이후 중소기업과 중견기업을 거쳐 대기업으로 성장하는 과정은 그야말로 가시밭길이라는 얘기다. 지난 2006년에도 한국개발연구원(KDI)이 비슷한 연구 결과를 내놓은 바 있다. 대기업이든 중소기업이든 신 성장 동력을 찾기 위해 각고의 노력을 해야 하는 이유가 여기에 있다. 모든 게 '최악'으로 치닫는 상황이라서다.

도전은 기업의 생존 좌우

하지만 새로운 성장엔진은 그냥 하늘에서 뚝 떨어지는 게 아니다. 지속적으로 개발하고 발굴해야 손에 쥘 수 있다. 문제는 왜 10여년이 흐른 지금도 수많은 중소기업들은 새로운 성장엔진을 못 찾고 있느냐는 점이다. 그건 바로 도전정신이 부족하기 때문이라고 나는 생각한다.

지구상에 영원한 먹거리가 없고, 따라서 지속적으로 변화하고 도전해야 한다는 간단한 진리를 많은 경영자들이 망각한다는 거다. 서두에 도전정신을 강조한 이유가 여기에 있다. 도전정신이 없으면 새로운 성장엔진도 없고, 새로운 성장엔진이 없으면 기업의 항구성도 떨어질 수밖에 없다.

이 원칙은 대기업이라고 해서 비껴가지 않는다. 현재 대기업 계열

사들이 그간의 안일함 때문에 심각한 구조조정을 겪고 있는 것만 봐도 알 수 있다. 도전정신은 그만큼 중요하다. 사업이 잘 되고 있다고 안심할 게 아니다. 오히려 그럴 때일수록 도전정신으로 새로운 성장엔진을 찾아야 한다. **'도전'이라는 단어가 인생에서 사라질 때, 젊음도 사라진다는 걸 잊어서는 안 된다.**

혼다가
'올해의 실패왕'을
뽑는 이유

실패를 원하는 사람은 없다. 하지만 실패의 과정에도 교훈은 있다. 그 과정에서 범한 과오를 분석하고 연구하는 과정에서 성공으로 가는 길이 보이게 마련이기 때문이다. 하지만 여기엔 큰 전제조건이 있다. 새로운 일에 도전하고 성공과 발전의 과정에서 벌어진 실패는 용서할 수 있어야 한다는 것이다.

도요타, 닛산자동차와 어깨를 나란히 하는 일본 3대 자동차기업 중 하나인 혼다. 글로벌 다국적기업인 혼다의 사명(社名)은 유명하지만 이 기업의 슬로건이 무엇인지 알고 있는 사람은 많지 않다. 혼다의 홈페이지에 접속하면 가장 먼저 눈에 띄는 것이 빨간 글자의 'HONDA' 로고다. 그리고 그 밑에 'The Power of Dreams'라는 슬로건이 보인다. 이는 혼다의 창업주인 '혼다 소이치로'가 만들어낸 독특한 기업문화를 한마디로 정의해 주고 있다.

실제로 혼다의 자동차박물관 현관 로비에는 혼다 소이치로가 직접 쓴 '몽(夢)'이라는 글자가 전시돼 있고, 그것(꿈)을 실천하기 위한 실패를 권장하고 있다. '올해의 실패왕' 제도가 이를 보여주는 대표적인 사례다.

혼다는 매년 연구자 가운데 가장 큰 실패를 한 직원에게 100만 엔(약 1,120만 원)을 지급한다. 실패를 칭찬하고 격려하는 것이 혼다이즘의 기본 전제라는 얘기다. 이는 창조는 반드시 시행착오를 거쳐야 이룰 수 있다는 사실을 인식하고 있어서다. 최선을 다한 실패를 인정하고 도전을 중요시하는 혼다의 기업문화가 이 기업을 세계적인 자동차 회사로 만들었다는 것이다.

또한 혼다에는 사장·부장·차장 등의 호칭 대신 이름을 부른다. 임원을 위한 독방, 임원실도 없다. 혼다는 사장을 포함해 40여명의 중역들이 개인 사무실 없이 한방에서 함께 일하는 것으로 유명하다. 사장 책상 뒤로 다른 중역들 책상 40여개가 흩어져 있다. 사장 왼쪽에는 다른 중역들끼리 회의를 하거나 손님을 맞을 때 쓰는 원탁만 있다. 이런 사무실 분위기는 혼다 소이치로 이후 계속해서 유지하고 있다. 그만큼 빠른 커뮤니케이션과 수평적인 기업문화를 만들기 위해 신경 쓰고 있다는 얘기다. 열린 공간에서 자유롭게 아이디어를 나누는 수평적인 의사소통 구조와 실패를 두려워하지 않는 문화가 혼다를 세계적인 자동차 기업으로 만들었다는 것이다.

실패를 성공의 지름길로 삼은 사례도 있다. 브라이언 트레이시 인터내셔널의 회장인 '브라이언 트레이시'다. 그는 불우한 가정에서 태어났고 학교생활과 성적도 좋지 않았다. 고등학교를 중퇴한 그의 첫 번째 직업은 호텔 주방의 접시닦이였다. 이후에도 목재소·주유소·주차장·화물선 등 먹고살기 위해 거친 직업만 22가지가 넘는다. 하지만 브라이언 트레이시는 현재 연간 3,000만 달러(약 344억 7,900만 원)의 매출을 올리는 인력개발회사 '브라이언 트레이시 인터내셔널' 회장이 됐다.

최선 다한 실패는 인정해야

그리고 전 세계 25만 명의 사람과 1,000여개의 이상의 기업을 대상으로 성공에 관한 강연회 열고 있다. 그뿐만이 아니다. 그는 「백만불짜리 습관」, 「세일즈 슈퍼스타」, 「크런치 포인트」 등 42권이나 되는 저서를 발간했고 그의 성공 비법을 담은 이 책은 25개 언어로 변역돼 52개국에 팔려나갔다. 실패한 인생이라 불릴 만한 삶을 살던 그는 어떻게 지금과 같은 놀라운 성공을 이뤄냈을까. 브라이언 트레이시는 성공의 법칙은 없다고 주장했다.

그는 "성공도 우연이 아니고 실패도 우연이 아니다"면서 "성공하는 사람은 성공에 이르는 일을 하는 사람이고 실패한 사람은 그런 일을 하는데 실패한 사람"이라고 말했다. 성공한 사람은 엄청나게 많은 실수를 저질렀지만 포기하지 않는 고집이 있었기 때문에 성공이라는 열매를 딸 수 있었다는 얘기다.

브라이언 트레이시는 실수를 방지하기 위한 방법도 강구했다. 그는 A4 용지에 자신조차 믿을 수 없는 목표를 하나하나 기록했다.

방문 판매를 통해 매월 1,000달러(약 114만 원)를 벌어들이겠다는 등의 목표였다. 이런 목표가 한 달 후 그의 인생을 송두리째 바꿔 놨다. 판매 실적을 비약적으로 높인 실력을 인정받아 매월 1,000달러의 월급을 받고 판매사원들을 교육하게 된 것이다. 그 후로도 그는 실패를 경험할 때마다 자리에 앉아 종이에 새로운 목표들을 적고 구체적인 실천 방안을 생각하면서 실패를 방지했다.

실패의 중요성을 얘기한 경우는 매우 많다. 실패학의 창시자인 하타무라 요타로 일본 도쿄대 명예교수는 모든 실패에는 귀중한 지식이 숨어 있다고 주장했다. 새로운 일에 도전하고 성공과 발전의 과정에서 벌어진 실패는 용서할 수 있는 실패라는 것이다. 실패의 중요성을 얘기한 국내 자료도 있다. **2009년 삼성경제연구소에서 발간한 '실패의 주범'이라는 보고서다. 이 보고서는 성공사례를 벤치마킹하려는 시도는 많이 있지만 실패사례를 통해 교훈을 얻으려는 기업은 없다는 점을 지적했다.**

실패의 중요성을 인식하지 못해 위기에 처한 기업의 대표적인 사례는 일본 자동차기업 '도요타'다. 이 회사는 2014년 대규모 리콜에 나섰다. 엔진 시동 모터와 시트 레일 결함 등이 발견돼서다. 리콜 규모는 전 세계적으로 27개 차종, 676만 대에 달했다. 문제는 수년 전부터 소비자가 지적한 불량 문제가 경영층에 제대로 전달되지 않은 데 있다. 전문가들은 도요타가 실패 사례를 제대로 연구했다면 '품질 신화'가 붕괴되지 않았을 것이라고 입을 모은다. 이처럼 시행착오를 최소화하기 위해 과거의 실패를 분석하는 것은 중요하다. 당시에는 알지 못했던 현실을 객관적으로 돌아볼 수 있는 계기를 제공하기 때문이다. 자신의 실패는 물론 다른 사람의 실패까지도 성공을 위한 밑거름으로 활용해야 한다는 얘기다.

실패 경험은 성공 지름길

살면서 누구나 한번쯤은 실패를 겪는다. 이 세상에서 실패를 겪지 않은 사람은 아마 한 사람도 없을 것이다. 그렇다고 꼭 내가 직접 실패를 겪어야만 하는 것은 아니다. 다른 사람이나 다른 업체의 실패를 보고 비슷한 유형의 실수나 실패를 충분히 피해갈 수 있다. 다른 사람이나 다른 기업의 실패를 눈여겨봐야 하는 이유가 여기에 있다. 실패의 과정에서 쌓은 경험과 노하우를 적극적으로 활용하는 것이 성공의 지름길이라는 얘기다.

함께 사는 공존사회를 지향하라

하버드대학교에서 20년에 걸친 강의를 토대로 집필되어 엄청난 사랑을 받은 책 '정의란 무엇인가'는 우리나라에서 200만 권이 넘는 판매고를 올렸다. 이처럼 열광적인 반응을 보이는 우리나라 독자들은 과연 무엇을 알고 싶었을까 그리고 어떤 사회를 원하기에 이토록 많은 성원을 했을까?

정치철학자인 샌델 교수는 이렇게 주장한다. 정의로운 사회는 단순히 공리(功利)를 극대화하거나 선택의 자유를 확보하는 것만으로는 만들 수 없다고 말이다. 그는 오히려 시민들이 도덕이나 종교를 적극적으로 내세우며 정치에 참여해야 한다고 주장한다.

언제부터 우리나라에서 잘 살려면 '각자도생'해야 한다고 말한다. 각종 사건, 재난이 와도 정부 혹은 그 누구로부터 도움을 받기 보다는 각자 살 길을 찾아야 한다는 목소리가 지배적이다. 도대체 무엇이 문제인가. 선진국은 함께 사는 사회를 위해 사회시스템을 수정, 보완해 가고 있는데 아직도 대한민국은 갈 길이 멀어 보인다.

담배 연기는
꼬리가 길다

　전 세계 중에서(특히 선진국) 우리나라처럼 길거리 담배에 관대한 나라는 거의 없다. '흡연천국'이라는 중국마저 공공장소 흡연을 규제하기 시작했으니, 말 다했다. 문제는 길거리 담배가 비흡연자에게 얼마나 큰 불쾌감을 주는지 흡연자는 잘 모른다는 점이다. 담배 연기는 꼬리가 긴만큼 냄새도 멀리 퍼진다.

　오늘도 길을 가다 움찔 멈춘다. 내 바로 앞에 갑자기 나타나 담배를 뻑뻑 피우는 아저씨 때문에. 간접흡연의 피해를 아무리 이야기해도 담배 피우는 습관은 개선되지 않는다. 담뱃값을 올려도 흡연인구가 줄어들지 않는 것과 같은 이치일까. 담배 연기가 내 눈과 코를 몹시 힘들게 만들지만 달리 방도가 없다. 더구나 흡연자들은 담배 연기가 얼마나 꼬리가 긴지 모른다.

　하지만 내가 다녀온 선진도시 길거리에서 담배를 손가락에 끼고 활보하는 사람은 거의 없다. 왜 우리나라에서는 길거리 보행 중 흡연자를 방치하는지 모르겠다. 길거리 흡연은 담배연기뿐만 아니라 침과 가래 등 이물질을 동반해 길거리에 흔적을 남긴다. 상당히 불결하고 비위생적인 환경을 우리나라 모든 지자체는 보고도 못 본 체하는 건지 아니면 시민들 건강은 안중에도 없는 건지 도통 이해가 되지 않는다.

★ <u>사례1.</u> 일본 도쿄의 길거리 금연구역은 2001년 확대됐다. 보행 중 담배를 피우던 한 남성의 담뱃불에 지나가던 키 작은 어린 아이 눈에 들어가 실명하는 사건이 계기가 됐다. 지금은 거의 모든 지역이 금연구역이며, 적발 시엔 과태료 2,000엔(약 2만 원)이 부과된다. 그래서 돈을 내고 들어가 담배를 피우는 유료 흡연소가 등장했다. 입장료는 1회 이용 시 50엔, 일주일 자유이용권은 500엔이다. 당연히 비흡연자에게 피해가 가지 않도록 시설을 잘 만들어 놓았다. 실제로 일본뿐만 아니라 미국·호주 등 금연 선진국들은 거리 곳곳에 흡연공간을 따로 만들어 간접흡연 피해를 줄이고, 흡연권을 보장해주는 '분리형 금연정책'을 시행 중이다.

★ <u>사례2.</u> 홍콩을 쇼핑의 도시, 금융의 도시로만 알고 있던 당신. 이제부터 한 가지를 더 알아야 한다. 홍콩은 2007년부터 술집과 식당을 비롯한 모든 실내에서의 흡연을 금하고 있다. 금연구역에서 담배를 피우다 적발되면 벌금 5,000홍콩달러(약 73만 원)를 부과하는 등 엄격한 흡연 규제책을 시행 중이다. 높은 담뱃세와 활발한 금연운동 등으로 15세 이상 성인의 흡연율은 11.1%에 불과하다. 세계 최저 수

준이다. 아마 홍콩은 세계에서 첫 '금연도시'가 될 확률이 크다. 같은 중국인이지만 본토인 중국과 달라도 지나치게 다른 홍콩은 배울 점이 참 많다.

★ <u>사례3.</u> 서유럽 국가 중 유일하게 실내흡연이 광범위하게 허용돼 '흡연자의 천국'이라는 오명을 갖고 있던 스페인. 2011년 식당 금연을 실시, 위반업소에 최대 60만 유로 (약 7억 원)의 벌금을 부과하고 있다. 이런 강력한 금연정책에 힘입어 스페인은 전국적으로 실내흡연이 금지됐고, 그 결과 나쁜 오명을 벗고 있다.

며칠 전 미국에 사는 처 오라버니가 서울에 왔다. 시내 쇼핑 후 갑자기 뒷골목으로 나를 끌고 갔다. 담배 한 대만 피우겠단다. 10여 년 전에 금연을 한 것으로 알고 있었는데 말이다. 무슨 일이 생긴 것인지 궁금해 갑작스런 흡연 이유를 물으니 이런 답이 되돌아왔다. "미국에선 공공장소 흡연이 불가능해 이래저래 귀찮아 담배를 끊었다. 그런데 한국에 와 여기저기서 흡연하는 사람을 보니 갑자기 담배를 피우고 싶어졌다." 참으로 허탈한 답변이었다.

한국을 여행하는 외국인들에게 물었다. 무엇이 가장 불편하고 낯설게 느껴졌는지.

몇 년 전 국내 대표 일간지가 **서울 각지에서 만난 외국인 관광객 100명을 심층 인터뷰한 결과를 보면, 응답자들은 '길거리 흡연'을 '한국 여행에서 이해할 수 없었던 일' 중 하나로 꼽았다.** 언제까지

서울이 외국인에게 이상한 도시로 비쳐야 할까. 참고로 세계 최대 흡
연국인 중국조차 '공공장소 흡연규제 조례안'을 입법예고한 상태다.

불법주차할 때
뜨끔하십니까?

차를 갖고 도심에 나온 오늘도 아내의 성화가 잦다. 빨리 주차하고 가자는 거다. 하지만 열흘에 한번 정도 자동차를 모는 나는 주차 솜씨가 신통치 않다. 더구나 목적지로부터 멀리 떨어진 합법적인 주차공간을 찾아 주차하려고 애를 쓴다. 아내는 왜 남들처럼 불법주차를 하지 않느냐고 또 핀잔을 준다. 내가 비정상인걸까.

★ __사례1.__ 대한민국 도로의 38%는 불법주차라고 한다. 실제로 밤이 되면 가관이다. 4차로여야 할 도로가 2차로가 되는 경우는 비일비재. 기나긴 도로에 차들이 꼬리에 꼬리를 물고 서 있는 경우도 많다.

최근 세계은행이 발표한 우리나라의 법질서(Rule Of Law) 지수는 200여 개국 중 46위를 기록했다(2013년 기준). 중동 카타르(36위), 남미 칠레(27위)보다 낮은 순위로, '계속 하락 중'이라는 게 더 큰 문제다. 서울시가 발표한 또 다른 통계자료를 보면 불법 주정차, 꼬리물기, 진·출입로 끼어들기 등 3가지 불법 운전으로 인한 사회적 비용이 연간 4조4,560억 원에 달한다(2012년 기준). 불법운전이 초래하는 국가적 손실이 엄청나다는 얘기다.

★ <u>사례2.</u> 미국의 대형 쇼핑몰 입구에는 여러 대의 장애인 전용 주차공간이 항상 비어 있다. 하지만 우리의 장애인 주차구역은 그렇지 않다. 얌체족이 많아서다. 걷는 게 불편한 장애인을 위해 마련된 장애인 전용 주차공간에 차를 세우는 비장애인들이 증가하고 있는 셈이다. 장애인 주차 스티커가 붙어 있는 차에 실제로 장애인이 타고 있는지를 확인하고 단속하는 일이 드물기 때문인데, 장애인에게 주어진 혜택에 무임승차할 때 부여되는 벌칙이 제대로 작동하고 있는지 검토해봐야 한다.

★ <u>사례3.</u> 일본에서는 주차장을 확보해야 건축물을 지을 수 있는 법률을 강하게 운영 중이다. 그래서인지 도로에 불법주차 된 자동차를 찾는 건 쉽지 않다. 일본에서 주차장 확보는 생활기준인 셈이다. 주차장 위치도 자동차가 가장 주차하기 좋은 곳에 있다. 우리처럼 법 규정만 지키면 그만이라는 식으로 후미진 곳에 면적만 확보하는 편법은 쓰지 않는다. 우리는 과연 어떤가. 목적지에 조금이라도 가까운 곳에 불법주차 하는 것이 일상화된지라 주말에 대형교회 같은 종교시설 근처에는 불법주차 차량이 넘쳐난다. 때문에 인근에 사는 주민들이 겪는 불편이 도를 넘었다.

내가 **세계선진도시를 시장조사하면서 느낀 점 중 하나는 자동차**

를 소유하지 않고 공유하는 이들이 늘고 있다는 거다. 도시의 대중교통인 지하철과 버스가 점점 발달하면서 도심에 차를 갖고 들어가는 게 민폐라는 걸 알게 됐기 때문이다. 도심에서는 공유차량을 이용하는 것이 더욱 편리하고 사회에 도움을 준다는 것을 알고 생활화하고 있다는 얘기도 된다. 그래서 미국의 경우, 시내 곳곳에 배치된 자동차를 시간 단위로 빌려 쓸 수 있는 '집카(Zipcar) 서비스'가 발달하고 있는 것이다. 스마트폰 하나면 언제 어디서나 편리하게 공용자동차를 이용하고, 반납할 수 있도록 도시를 재설계하는 걸 보면서 나는 우리가 무엇을 놓치고 있는지 여실히 느꼈다.

몇 년 전 싱가포르의 국부(國父)로 추앙받던 리콴유 전 총리가 세상을 떠났다. 싱가포르에 한번이라도 여행한 이들은 잘 알겠지만 그곳 거리에선 쓰레기를 찾는 게 여간 어렵지 않다. 다민족 도시국가인 싱가포르가 이토록 발전한 근본 이유는 무엇인가. 바로 초대 총리였던 리콴유식 국가 운영의 성공 덕분이다. 기초질서 확립부터 부패단속까지 국가의 기본을 탄탄히 했던 게 성공의 발판이 된 것이다. **시민이 편안하게 사회생활을 하기 위해 가장 먼저 필요한 것은 공중도덕 등 기초질서 아니겠는가.** 그는 총리 직속기구로 공무원 비리 조사조직을 이끌어 세계에서 손꼽히는 공직사회 청렴국가로 만들었다. 누구나 아는 아주 쉬운 방식을 철저하게 30여 년간 지켜오면서 국민들의 민도를 높였고, 아시아를 이끄는 선도국가로 자리를 잡은 사실을 결코 잊지 말아야 할 것이다.

멋진 간판
없어도
흥이 넘치네

서울 지하철 9호선 라인엔 '공항시장역'이 있다. 김포공항 주변의
히트상품이 '시장'이었다는 방증이다. 하지만 이 시장은 대형마트
가 둥지를 틀면서 죽어갔다. 정책은 시장을 살리는 데 도움이 되지
않았고, 시장은 뿔뿔이 흩어졌다. 공항시장역이라는 간판이 유명
무실해진 셈이다. 우리는 무엇을 어떻게 해야 할까. 해외 사례를 찾
아봤다.

서울에 있는 전철역 중에서 시장 이름을 따서 지은 전철역은 '공항
시장역(9호선)', '영등포시장역(5호선)', '가락시장역(3호선)' 등 3곳이다. 시
장이 지역 명소라서 전철역 이름을 그렇게 지었겠지만 '공항시장역'
의 시장은 유명무실한 상태다. 그렇다면 해외에는 역 이름을 딴 시
장이 있을까. 아쉽지만 그런 사례를 찾는 건 쉽지 않다. 우리나라가
다른 나라보다 상업을 중시하는 진취적인 부분이라 할 수 있겠다.
다만 지하철 역사 주변에 시장이 둥지를 튼 곳은 상당히 많다.

★ **사례1. 도쿄 아메요코시장 | 흥정의 비밀** = 아메요코 시장은 일본 도쿄 JR우에노역~오카치마치역 철로변을 따라 형성된 전통시장이다. 도쿄에서 유일하게 남은 전통시장이기 때문인지 이 시장은 현대화되지 않았다. 지붕이 없고, 일부 상점은 난전까지 펴놓고 장사를 한다. 그럼에도 하루 평균 10만 명, 성수기에는 50만 명까지 이곳을 찾는다. 그중 30% 이상이 도쿄가 아닌 다른 지역(일본 기준), 외국에서 찾아온 관광객이다. 인기 비결이 무엇일까.

첫째는 '독특함'이다. 이 시장에선 가격을 흥정할 수 있다. 대부분 정가(正價)로 판매되는 일본 상점과 달리 이곳에선 고객과 가격을 흥정해 최종 소비자 가격을 결정한다. 그래서 사는 재미가 쏠쏠하다. 다양한 품목도 인기 요인이다. 신발, 골프채, 생선, 건어물, 김, 먹을거리, 옷, 약국, 액세서리 등 다양하다.

★ **사례2. 가나자와시 오미초 시장 | 시장+문화** = 일본 중부 이시카와현 가나자와시 중심부에 있는 오미초 전통시장은 가나자와역 근처에 있다. 290년 역사를 자랑하는 시장으로 185개의 시장 점포에선 수산물과 농산물을 판다. 이곳은 일본 전통시장의 아케이드 방식을 탈피해 3층짜리 건물로 다시 탄생했다. 1층에는 전통시장, 2층에는 푸드코트, 3층에는 문화센터인 '교류플라자'를 설치했다.

이곳에선 시민과 학생을 위한 각종 강좌가 열리고, 강의실 옆에는 아이를 맡길 수 있는 탁아소가 있다. 젊은 소비자층을 시장으로 끌어들이기 위해 교류플라자를 만든 것이다. 3층 일부와 4층은 주차장으로 활용하고 있다. 이를 통해 오미초 시장을 찾은 고객들은 하루 평균 1만 5,000명이 방문한다. 시장에 문화를 접목한 독특한 발상이 이 시장을 키우고 있는 셈이다.

★ <u>사례3.</u> **런던 해로 시장 | 라이프 스타일에 적응** = 영국 런던 북서지역에 있는 해로(Harrow) 시장은 런던 지하철 해로역 근처에 있다. 이 시장은 지역 주민의 '장보기 시간'을 고려해 운영시간의 초점을 '저녁'으로 바꾸는 모험을 단행했고, 성공으로 이어졌다. 늦은 퇴근으로 인해 장보는 시간이 늦어지게 되고, 맞벌이 부부는 더 늦은 밤에 시장에 온다는 점을 '마케팅 전략'으로 활용한 셈이다.

사실 해외 유명 도시에 시장이름을 딴 전철역은 거의 없다. 사실 전철역에 시장 이름을 넣는다고 시장에 활력이 감도는 것도 아니다. 그 지역의 특색을 십분 살린 '온리원(only one) 마켓'으로 거듭나야 소비자가 찾아와 지갑을 연다.

옛 도시에
옛것이 없다

교토(京都)는 일본의 1,000년 도시다. 세계에서 연간 4,700만 명의 관광객이 찾는다. 역사문화자산 보존이 뛰어나기 때문이다. 지자체가 조례로 건물 높이, 광고 등을 제한하고 있다는 것도 이유다. 반면 경주, 부여는 역사 보존 의지가 약하다. 관광한국의 미래를 위해 지자체장도 역사기획전문가가 돼야 한다.

일본의 옛 수도 교토(京都)는 문화와 학문의 도시이자 관광도시, 기모노 및 도자기를 중심으로 한 전통산업의 도시다. 교토를 자세히 살펴보면 놀라게 되는데 바로 히든 챔피언 강소기업이 많다는 점이다. 중소기업의 대리급 사원이 노벨화학상을 수상해 세계를 깜짝 놀라게 한 시마즈 제작소, 옴론, 교세라, 닌텐도 등의 세계적 강소기업들이 이곳 교토에서 태어나 지금도 교토에 본거지를 두고 있다. 교토는 나라와 함께 일본의 1,000년 도시로도 불린다. 우리나라 관광객들이 많이 찾아가는 필수 관광코스이기도 하다. 교토는 서기 794년, 나라(奈良)에서 수도가 이전된 후 도쿄로 다시 옮겨가기 전까지 약

1,100년 동안 천황이 머물었던 일본의 수도였다. 그만큼 역사가 있고 전통문화와 학문, 교육의 도시이다. 일본은 외적의 침입을 많이 받지 않았다. 그 결과 역사적 유물들이 비교적 잘 보존되어 있다. 교토에는 1,600개의 절과 400개의 신사(神寺)가 있다. 그중 일부는 세계문화유산으로 등록되어 있다. ‘교토의 부엌’이라 불리는 500년 전통의 ‘니시키’ 시장도 역사와 전통이 묻어나는 전통시장이다. 500년 동안 교토 주민들의 사랑으로 발전한 니시키 시장에는 전통시장의 과거와 현재, 미래가 공존한다.

그런데 교토 혹은 나라 지방을 여행하다보면 우리네 옛 수도였던 경주나 공주, 부여와는 사뭇 다른 모습을 발견하게 된다. 특히 교토는 옛날의 거리를 걷고 있는 듯 한 느낌이다. 이 같은 옛날 분위기는 개별 건축물의 보존만으로는 제대로 조성되지 않는다. **처음부터 도시계획에 의해 형성된 도시이기에 가능하다고 생각한다. 특징 있는 가로 경관을 계획적이고 체계적으로 보존해왔다는 의미다.**

예를 살펴보자. 교토의 청수사(기요미즈테라)로 오르는 입구를 보면 양쪽 가로변에는 처마가 있는 1층 혹은 2층의 목조가옥이 가지런히 늘어서 있다. 모든 건물의 외벽, 지붕, 창문 등은 일정한 비례와 모양을 보여준다. 1층은 관광객들을 위한 기념품 가게로 이용되고 있고 2층은 대부분 주택이다. 그런데 도로의 폭이 너무 좁다. 좁은 나머지 지나가는 사람과 어깨를 부딪칠 정도다. 그런데 아직도 그대로 보존되고 있다. 전 세계에서 온 관광객들로 붐비기 때문에 절의 입구를 넓힐 만도 한데, 일본인들은 아직도 그대로 둔다. 왜 그럴까. 우리나라 같았으면 도로를 넓혀서 관광버스가 시원하게 양쪽으로 올라가고 내려갈 수 있도록 만들 텐데 말이다.

교토시는 2007년 9월부터 건물의 옥상에 광고판 설치와 네온사인(점멸조명) 간판 등을 전면 금지하는 한편 신축하는 건물 높이도 31m(대략 10층) 이하로 규제하기로 조례를 정했다. 시내 일부가 아닌 모든 지역에서 이 같은 경관조례를 적용하는 것은 일본 지자체 중 처음이다. 위반자에게는 징역이나 벌금을 부과한다. 이런 강력한 규제적 법규를 만든 이유는 절과 궁전 등 각종 문화유산이 즐비해 연간 4,700만 명의 관광객이 찾는 '1,000년의 고도' 교토가 마구잡이 개발로 고층건물 숲에 둘러싸이면 곤란하다는 위기감에 따른 것이다.

그렇다면 우리나라 1,000년 고도(古都)인 경주, 공주, 부여는 어떤가. 교토시가 제정한 조례처럼 규제를 하는 내용을 찾아보기 힘들다. 지금부터라도 세계 관광객들을 대상으로 관광자원을 알리고 보존하기 위해 경주, 공주, 부여 지자체는 하루빨리 교토와 같은 문화도시를 지키기 위한 자구책을 내놓아야 할 때다. 이런 조치를 취하지 않는다면 직무태만이라고밖에 볼 수 없다.

경주, 공주, 부여 등 3개의 도시는 철저하게 옛것을 그대로 두고 천천히 개발을 해야 한다. 신라와 백제의 도읍이었던 옛날의 모습을 가능한 한 그대로 남기면서 창조전략을 녹여 내야 한다. 그러려면 이 3곳의 지자체장은 확고한 역사관을 지닌 인재, 상상력과 창의력이 뛰어난 역사기획전문가가 돼야 한다. 그래야만 2020년 관광한국의 미래를 만들어 갈 초석이 될 수 있다.

보존해야
스토리가 나온다

일본 요코하마와 독일 함부르크는 다른 듯하지만 닮았다. 항구도시이면서 도시재생사업의 방향성이 비슷해서다. 두 도시의 프로젝트 특징은 개발이 아니다. 부수고 새로 짓지 않는다는 얘기다. 오래된 시설을 새로운 기능의 공간으로 탈바꿈시키되 장소의 역사성을 보존하면서 이야기를 담는 게 목표다.

도시 이야기를 하려고 한다. 인터넷과 IT기술의 발달은 전 세계를 하나의 도시로 만들었다. 미래학자들은 도시사람이 교외나 시골로 거주지를 옮길 것이라고 내다봤다. 이유는 간단했다. 인터넷만 있으면 어디에 있든 연결이 가능했기 때문이다.

1990년대 후반 영상전화가 등장했다. 업무처리가 한결 수월해지자 재택근무가 일상화될 것이라는 예측이 나왔다. 덩달아 도시구조의 지각변동이 일어날 것이라는 주장이 제기됐다. 사람들이 도시를 떠나 집값이 저렴하고 경치가 좋은 시골로 이주할 것으로 전망한 것이다. 글로벌화가 도시를 위축시킬 것이라는 얘기였다. 그런데 아니었다. 여전히 '입지(立地)'는 중요했고, 도시 쏠림 현상은 가속화됐다.

입지가 교통 또는 천연자원의 매장을 말하는 게 아니었기 때문이다. 입지는 뛰어난 인재가 얼마나 있느냐에 따라 결정됐던 것이다. 실리콘밸리에 둥지를 튼 첨단기업을 떠올려 보자. 그곳엔 구글·야후와 같은 혁신기업이 있다. 특정지역에서 혁신기업이 집중적으로 나온다는 건 지역이 중요하다는 방증이다. 그렇다면 도시로 몰려드는 인재와 자원을 어떻게 활용해야 할까.

해답은 멀리 있지 않다. 세계 유명 도시를 살펴보면 힌트를 얻을 수 있다. 일본 요코하마(橫濱)와 독일 함부르크가 대표적이다.

요코하마는 디자인 모범도시로 꼽힌다. 이 도시가 공공디자인의 메카로 급부상한 이유는 전통과 현대가 조화를 이뤄서다. **요코하마는 1971년 일본 최초로 시(市) 산하에 도시디자인 전담팀을 뒀다. 놀라운 사실은 일본 중앙정부가 2004년 도시 디자인 가이드라인을 규정한 '경관법'을 제정했다는 점이다. 요코하마는 선진적인 도시였던 셈이다.**

2004년 경관법 만든 일본

요코하마에서 37년간 실시된 1,000여개의 프로젝트 가운데 '미나토미라이21'은 요코하마의 디자인 특징이 집약된 것으로 평가받는다. 이 지역은 현대를 대변하는 '중앙지구'와 전통을 상징하는 '신항지구'로 구성됐다.

요코하마에는 '모토마치(MotoMachi)'라는 유명한 쇼핑스트리트가 있는데, 이곳에는 100년 이상 된 점포도 많고 이국적인 상품을 파는 곳도 적지 않기 때문에 쇼핑하다 보면 시간 가는 줄 모른다. 한마디로 말해서 일본 상행위의 정수를 맛볼 수 있는 곳이다. 거리를 가득 메운 세련된 부티크와 잡화점 때문에 '요코하마의 긴자'로 통하는 쇼핑 타운이다. 1~5번가의 다섯 블록으로 나뉜 상점가에는 도쿄에 뒤지지 않는 고급 부티크와 명품 숍들이 즐비하다. 게다가 유럽풍의 건물들 사이를 걷다 보면 마치 정말로 유럽에 온 듯 한 착각을 불러일으킬 정도다. 작지만 품위와 전통을 지닌 수많은 가게와 식당들이 올망졸망 모여 있어 아기자기한 재미를 더해준다. 이렇듯 옛것을 그대로 살리면서 새로움을 더하는 전략을 진행 중에 있다.

독일 함부르크는 어떨까. 수도 베를린에서 고속열차(ICE)로 1시간 30분이면 갈 수 있는 이곳은 독일에서 두 번째로 크다. 항구도시이면서 물의 도시다. 함부르크는 오피스 밀집도시라기보다는 문화를 포함한 글로벌 도시로 계획됐다. 도시재생사업 '하펜 시티(Hafen City)'가 있었기 때문에 가능했다.

독일은 물론 유럽의 유동인구를 불러 모아 도시인구를 늘렸고, 유럽의 중심이 되는 걸 목표로 삼았다. 사람이 살아가는 데 필요한 것을 완벽하게 재생하겠다는 의지로 도시를 만든 것이다. 2000년부터 시작한 이 사업은 2025년까지 추진된다.

일본 요코하마와 독일 함부르크는 다른 듯하지만 닮았다. 항구도시이면서 도시재생사업의 방향성이 비슷해서다. **두 도시의 프로젝**

트 특징은 개발이 아니다. 부수고 새로 짓지 않는다는 얘기다. 오래된 시설을 새로운 기능의 공간으로 탈바꿈시키되 장소의 역사성을 보존하면서 이야기를 담는 게 목표다. 도시를 디자인하는 것은 경이로운 일이다. 기획된 도시가 사람과 살아가면서 생명체로 거듭나서다. 도시 디자인을 근사한 건물로 생각하거나 스타일 연출로 여겨서는 안 되는 이유가 여기에 있다.

이런 맥락에서 **우리나라의 대표도시인 서울과 부산이 국제적인 도시로 거듭나려면 주의해야 할 게 있다. 공공부문에 대한 소비자 트렌드 조사다. 이 조사는 대학이나 연구소에 할당되는 정책 용역 수준으로 진행해선 안 된다.** 공급자 위주에서 벗어나 현장의 소리를 담아야 한다. 그래야 문제점을 찾고 대안마련이 가능하다. 애정 어린 연구와 고민이 없는 도시 설계·기획은 시민들이 지속적으로 겪는 불편이 될 수 있다는 점을 잊지 말아야 한다.

해법 09

세상의 편견과 고정관념을 극복하라

우리가 사는 대한민국은 편견과 고정관념에 매몰된 사회가 아닌가 하는 생각을 많이 하게 된다. 어렸을 적부터 정해진 일류 엄친아 루트를 따라 살아야만 해야 한다는 어른들의 성화에 창의력과 개성이 매몰된 청소년들.

특히 4차 산업혁명이 진행되면 인간의 노동을 대체근무할 로봇의 발전으로 인해 기존 직업군의 변혁이 상당할 것이다. 당연히 지금의 교육체계로는 전혀 답이 안 보인다. 미래를 대비한 전반적인 교육과정 개편은 불가피해 보인다.

늘 그래야만 했던 식으로 여겨질 정도로 익숙한 고정관념이 많다. 하지만 대부분의 히트상품과 서비스는 우리들의 이런 생각을 정면으로 뒤집어 발상의 전환을 통해서 성공했다는 점을 기억하자. 물론 재미는 보너스! 소비자에게 재미와 가치를 제공하려면 기존의 편견과 고정관념에 도전해야만 가능하다는 절대적 진리를 실천해 보자.

생뚱맞은
체험이 창조다

나라마다 다양한 문화와 풍습이 있다. 우리네 라이프 스타일과 다르다. 여행을 했을 때 적극적인 도전이 필요한 이유다. 이를 통한 색다른 경험은 문화 품격을 고양하고 새로운 행운을 안겨다 준다. 생각지 못한 문화, 인물과의 만남을 통해 잊지 못할 추억을 쌓을 수 있다.

미국이라는 나라를 여행하다 보면 우리네 풍습과 상당히 다른 문화권이라는 것을 알게 된다. 동시에 미국 대중문화와 상당히 친밀하다는 점도 느낄 수 있다. 우리는 할리우드의 영향력으로 미국의 인기 영화를 대부분 접했다.

이로 인해 복합유통시설과 그 안의 콘텐츠 등이 낯설지 않다. 그렇다 하더라도 자세히 살펴보면 우리네 라이프 스타일과 상당히 다른 면을 발견하게 된다. 그것이 여행의 묘미이고, 새로운 체험이다. 여기서 제안을 하나 해본다. 미국을 포함해 선진국 도시에서 일주일 이상 머물게 된다면 아래와 같은 체험을 꼭 해보길 바란다.

★ 영화와 뮤지컬

미국, 특히 영화의 본 고장인 LA 할리우드. 이곳에서 현지인들은 어떤 방식으로 영화를 보는지 궁금하지 않은가. 당연히 극장을 찾아가 봐야 한다. 영화를 선택할 때 아무래도 보기 쉬운 영화가 좋다. 액션물 또는 만화영화를 추천한다. 이유는 알아듣기 힘든 대사가 많아도 영화의 흐름으로 이해를 할 수 있어서다. 대부분의 영화관은 먼저 입장한 사람이 자리를 차지하는 형태다. 우리처럼 극장표 구입 때 좌석번호가 있는 경우도 있다. 하지만 먼저 입장하는 사람이 마음대로 자리를 차지하는 자유 좌석제도를 채택한 극장이 더 많다. 그야말로 first come, first served다.

뉴욕이라면 '캐츠' 같은 전설적인 뮤지컬을 감상하는 기회도 꼭 갖길 바란다. 국내에 있을 때에도 문화와 가깝지 않았던 사람이라면 더더욱 미국 브로드웨이의 진수를 만끽할 필요가 있다. 관람 후에 자신의 고양된 문화 품격에 적잖이 놀랄 것이다. 자유여행은 자기 스스로 설계한 여행 스케줄에 따르는 이다. 여기에 모험적 요소를 넣어 보는 것도 좋다. 적극적으로 여행하고 있는 도시를 몸으로 체험해 보기 위한 행위다. 생각지 못한 문화, 인물과의 만남을 통해 평생 잊지 못할 추억을 쌓을 수 있다. 나아가 내 비즈니스에 도움을 주는 사업적 힌트를 맛볼 수 있는 행운도 생길 수 있다.

★ 복권과 히치하이크

각 나라의 복권 시스템은 조금씩 다르지만 대부분 대동소이하다.

우리나라처럼 가판대에서 살 수 있다. 즉석복권처럼 바로 당락을 알 수 있는 복권도 있고, 우리나라 로또처럼 일주일마다 발표를 하는 경우도 있다. 1등 번호가 당첨될 때까지 계속 진행되는 복권도 있다. 복권 방식을 물은 후 적은 돈으로 목돈을 쥘 수 있는 복권을 신청해 보자. 발표일까지 일정기간 동안 즐거운 기대감을 갖게 해 준다. 당연히 복권에 당첨될 확률은 거의 없다. 하지만, 누가 아는가. 인연이 많은 도시가 당신을 붙잡아 둘지.

우리나라도 인천공항을 통해 입국하는 외국 관광객들에게 복권을 구입토록 유도하게 하는 이벤트 방식을 통해 재미를 유도하는 방법도 한국을 알리는 색다른 방식이 아닐까 싶다.

영화 속에서나 볼 수 있었던 자동차 히치하이크(hitch-hike). 웬만한 배짱을 가지지 못하면 힘이 들 것이다. 특히 여자 혼자인 경우에는 건너뛰시기 바란다. 전에 배낭여행 중에 만난 일본 친구와 샌프란시스코 금문교 앞에서 히치하이크를 한 적이 있다. 이유는 간단했다. 그 긴 다리를 건너야 되는데, 대중교통도 없고, 택시도 없었기 때문이다. 다행히 인상 좋은 동양인이 금문교를 지나 소살리토 입구까지 태워줬다. 히치하이크는 목숨을 내놓고 하는 위험한 행위이다. 돈이 없는 배낭여행객이나 싸움에 자신이 있다면 시도해 볼 만하다. 그렇지만 한번 이상은 하지 말기 바란다.

'무조건 높아야'하는
랜드마크의 편견

사람들이 세계 어느 도시를 방문할 때면 반드시 들리는 곳이 그 도시를 대표하는 장소다. 그래서 각 도시들은 자신만의 독특한 상징물을 만든다. 바로 세계 다른 나라 사람들에게 알리기 위한 새로운 랜드마크다.

랜드마크라는 의미는 뭘까. 국어사전을 보면 '어떤 지역을 대표하거나 구별하게 하는 표지'라고 설명해 준다. 그렇다면 대한민국의 수도, 서울의 랜드마크는 무엇일까. 어떤 상징물이 랜드마크가 돼야 할까 생각해 본다. 그런데 **서울은 한강을 중심으로 수많은 아파트만 보인다.** 이런 이유로 서울을 대표하는 랜드마크가 쉽게 떠오르지 않는다.

★ <u>사례1.</u> 세계적인 블록완구회사인 '레고'는 몇 년 전부터 '아키텍처(architecture)'라는 시리즈물을 제작해 판매하기 시작했다. 세계적인 각 도시의 랜드마크를 형상화해 출시하는 것이다. 미국 뉴욕은 자유

의 여신상, 프랑스 파리는 에펠탑, 영국 런던은 타워브리지 등을 지목해서 블록으로 만들었다. 그렇다면 레고가 선정한 서울의 아키텍처는 무엇이었을까. 레고는 '남대문'을 서울의 아키텍처 주제로 선정했다.

★ <u>사례2.</u> 중국의 각 지방은 지역 도시특색을 강조하는 '랜드마크'를 짓겠다며 기이한 설계를 앞다투어 진행하고 있다. 이 바람에 중앙정부가 곤혹에 빠졌다. 각 지방 책임자는 임기 중 눈에 띄는 업적을 남기기 위해 기이한 건축물 건립을 허가해 줬다. 허난성 정저우(鄭州)에는 옥수수 모양 빌딩이, 장쑤성 쑤저우(蘇州)에는 '속옷 바지' 형태 건물이, 상하이(上海)에는 '승마 부츠'로 불리는 빌딩이 세워졌다. 주변 경관과 동떨어진 건물로 인해 랜드마크가 아니라 흉물에 가까운 결과물이라는 손가락질을 받고 있다.

★ <u>사례3.</u> 싱가포르에는 마이스 산업 육성을 목표로 최대 52도 기울어진 경사와 우리나라 쌍용건설이 건축한 것으로 유명한 '마리나 베이샌즈'가 세워졌는데, 연간 4,000만 명이 방문하는 결과를 만들어 냈다. 반면 수많은 문화유산을 갖고 있는 우리나라를 찾는 연간 해외관광객 수는 조그만 도시국가인 싱가포르보다 훨씬 적다.

신흥 부국으로 불리는 중국과 두바이는 랜드마크를 만들기 위해 초고층 건축 계획을 추진 중이다. 대부분 세계 최고층에 집착하는 모습이다. 물론 고층 빌딩을 세우려는 경쟁은 최근에 나타난 현상은 아니다. 하지만 그 도시를 상징하는 랜드마크가 높은 건축물만 있겠는가. 서울 역시 새로운 랜드마크 조성에 뛰어들면서 점점 가열현상으로 번지고 있다.

상암동 디지털미디어시티(DMC) 내 133층짜리 프로젝트 소식이 들리는가 하면, 잠실벌에는 항공기 항로를 변경하면서까지 짓고 있는 제2롯데월드 프로젝트가 있다. 현대차그룹 역시 한전본사 부지 내 115층 글로벌비즈니스센터(GBC) 조성 계획안을 서울시에 제출, 본격적인 사업에 들어갔다.

20세기까지 랜드마크는 무조건 '높이'라는 요소에만 집중했다. 그러나 21세기의 랜드마크 의미는 상당히 다르게 해석돼야 한다. 우리가 세계 유명도시의 랜드마크를 가는 건 단지 높기 때문이 아니다. 그곳을 이용하는 도시 주민들, 관광객들과 활발한 상호작용을 하기 때문이다. 사람들의 이야기가 또 다른 이야기를 만들어 내는 순환적 피드백과 가슴을 적시는 스토리텔링이 이어지지 않는다면 어떻게 랜드마크라 할 수 있겠는가.

어느 도시나 한 가지의 기능에만 초점을 맞춰서는 안 된다. 도시에는 사람이 안전하게 주거해야 하고, 여가활동을 균형 있게 할 수 있도록 설계돼야 한다. 당연히 도시에는 만남과 소통의 장소인 광장과 랜드마크가 사람 중심으로 있어야 하며, 보행 친화적이어야 한다. **높이로 혹은 위압적인 모습으로 사람 위에 군림하지 않고, 공감하는 친구처럼 다가오는 상징물이 바로 21세기형 랜드마크다.**

흥청망청 결혼식,
우리네 결혼식은
졸부들의 놀이터다

웨딩컨설팅 업체 '듀오웨드'가 조사한 우리나라 결혼식의 실제 비용은 집값을 제외하고 7,000만 원가량이라고 한다. 그래서 최근 들어 젊은 예비 신랑, 신부는 결혼식 비용을 최소화한 '작은 결혼식'에 관심을 갖는다. 그런데 막상 결혼식 날짜가 다가오면 이런 결심이 흔들린다.

영화 '어바웃타임(About Time)'에 나오는 남녀 주인공의 결혼식 장면을 기억하는지 모르겠다. 성당 문을 열고 들어오는 신부를 맞이하는 신랑의 개구지지만 밝고 한없이 행복해 보이는 얼굴과 결혼식 당일 바람이 그렇게 불어도 웃음으로 승화하는 행복한 신부의 얼굴. 그리고 결혼식에 참석한 하객들 모습이 주제곡인 'How long will I love you'와 함께 보이는 장면이 나의 뇌리에 깊이 남아 있다. 여러 해외 선진국을 돌아다니다 보면 정말 멋진 신랑, 신부와 그들의 친구들을 길에서 많이 만날 수 있다. 하지만 그 어떤 장면에서도 지나칠 정도로 화려하다는 생각이 전혀 들지 않았다.

우리나라 평균 결혼식 비용 7,000만 원

★ <u>사례1.</u> 일본 = 종종 여행을 가는 일본엔 현지 친구들이 적지 않다. 그래서 귀동냥으로 들은 일본의 결혼풍습도 꽤나 많다. 일본은 결혼식장에 참석할 사람을 미리 선정해 초대장을 배포한 뒤 참석여부를 통보받고 하객이 앉을 자리를 정한다. 이를테면 지정석 형식이다. 결혼식 하객수로 집안 체면을 운운하는 우리나라와 달리 50~100명 정도만 초대한다. 당연히 초대장이 없는 사람은 식장에 출입할 수 없다. 또한 하객이 귀가할 때는 반드시 답례품을 증정한다. 간단한 선물을 미리 준비하거나 카탈로그를 제공하는 경우도 있다.

★ <u>사례2.</u> 스페인 = 스페인 사람들은 결혼식 준비를 1년 정도 한다. 번갯불에 콩 볶아 먹듯 일생에 한번 있는 결혼식을 빨리빨리 해버리는 우리와는 많이 다르다. 가톨릭 국가이므로 대부분 성당에서 결혼식을 올린다. 결혼식 의식 동안은 아무나 참관이 가능하지만, 결혼식 후 피로연은 반드시 초대받은 사람만이 참석할 수 있다. 결혼 당사자들은 꼭 초대하고 싶은 사람에게만 초대장을 보내고, 이를 받은 사람은 참가 여부를 미리 알려야 한다. 유럽 대부분의 나라가 그렇듯 스페인도 결혼식의 핵심은 '피로연 파티'다. 신랑, 신부와 양가 부모, 친척, 친구들이 한데 어울려 시작된 피로연은 밤새 이어지

기도 한다.

웨딩컨설팅 업체 '듀오웨드'가 조사한 우리나라 결혼식의 실제 비용은 집값을 제외하고 7,000만 원가량이라고 한다. 전세 등 주택비용은 평균 1억 8,028만 원, 신혼여행비는 평균 441만 원이 쓰였다. 그래서 **최근 들어 젊은 예비 신랑, 신부는 결혼식 비용을 최소화한 '작은 결혼식'에 관심을 갖는다.** 그런데 막상 결혼식 날짜가 다가오면 이런 결심이 흔들린다.

왜일까? 다른 사람, 다른 집과 비교 당하는 게 싫은 양가 부모님, 일가친척들 때문이다. 평소에는 프랜차이즈 커피숍에서 먹는 커피 값도 아끼는 분들이 결혼식 관련 의사결정의 시간이 오면 '얇은 귀'가 돼버린다. 일생에 단 한번이라는 결혼식 관계자들의 말에 그만 넘어가기 일쑤다.

2012년 5월에 세계가 깜짝 놀랄 만한 결혼식이 있었다. 주인공은 마크 저커버그 페이스북 CEO. 그는 친척, 친구들만 불러 결혼식을 조촐하게 치렀다. 그것도 바로 페이스북이 증시에 상장된 바로 다음 날, 나이 28세에 20조 원을 거머쥔 상태에서 말이다.

미국 캘리포니아주 팰러앨토에 있는 자기 집 뒤뜰에 친구·친척 100여명을 부른 뒤 깜짝 이벤트식으로 결혼식을 올렸다. 초청된 친구들조차 자신들이 결혼식 하객이라는 사실을 모른 상태에서 번개같이 즉석 이벤트가 거행됐다. 그가 돈이 없어서 그런 결혼식을 올렸을까. 아니면 지인이 없어서 그랬을까.

"작은 결혼식이 아름답다"

아무나 결혼식에 초청하지 않고, 정말 자신의 결혼에 축복해 줄 만한 사람들만 초청장을 발송하는 결혼식. 하객도 자신이 선정된 것을 자랑스럽게 여기고 그 장소에 정중하게 의복을 갖추고 참석하는 결혼식. 피로연으로 신랑, 신부와 함께 어울려 파티를 즐기는 결혼식. 이 얼마나 아름다운 광경인가. **지금까지의 남과 비교하는 졸부 근성의 대한민국 결혼식 문화는 쓰레기통으로 가야 한다.**

지역축제,
스토리까지 사는
이상한 지자체

세계 각국의 지역 축제를 보면서 느낀 점이 참 많다. 지방자치단체 공무원, 지역 주민, 지역 상인이 혼연일체가 돼 축제의 역사와 전통을 계승 발전시킨다는 점이다. 우리나라처럼 '지역 축제에는 스토리가 필요하다'며 돈 주고 이상한 용역을 맡기는 나라는 거의 없다.

지방자치단체의 행사 또는 축제가 연간 1만 1,800건이나 열리는 나라. 비용이 많이 들어가는 행사 10건 가운데 7건의 수익은 제로.

최근 중앙 일간지에 나온 머리기사 중 일부다. 그런데도 전국 지자체의 행사·축제 예산은 점점 늘고 있다. 행정자치부에 따르면 2016년 예정된 전국 지자체의 행사·축제 예산(추경 제외)은 1조 500억 원에 달한다. 사실 이름만 지역축제지 실상은 동네잔치 수준이다.

민선 지자체장의 업적쌓기용으로 축제만 한 게 없으니 효과를 따져 보지도 않은 채 무조건 열고 보는 것이다. 문제는 이런 예산의 대부분이 스타 연예인 초청 등에 쓰인다는 점이다. 이쯤 되면 지역축제는 '다음을 위한' 가면무도회와 다를 바 없다.

지자체의 축제를 집행하는 부서장에게 가장 중요한 것은 '개최' 지 축제로 인한 '이익'이나 '뒤처리' 등이 아니다. 수익 발생은 애당초 기획 단계부터 들어가지 않는 항목인 듯싶다. 그리고 무슨 축제만 끝나고 나면 해당 지역 일대는 그야말로 쓰레기가 산을 이룬다. 무질서로 인해 다친 인원은 속출하고, 무허가 노점들이 길을 막아 다닐 수도 없고, 행사요원은 찾기도 힘들다. 큰 축제가 있는 날 저녁 9시 뉴스를 보면 으레 사람들이 밟혀 수십 명이 다쳤다는 내용과 먹다 버린 음식과 쓰레기가 천지였다는 소식뿐.

이젠 세계에 이름을 알릴 수 있는 지역 축제쯤은 만들어야 하지 않을까. 우리가 벤치마킹할 만한 다른 나라의 지역 축제는 없을까.

★ <u>**사례1.**</u> 네덜란드 암스테르담에 가고 싶다면 8월을 택하라. '프린센그라흐트(Prin sengracht) 페스티벌'이 열리기 때문이다. 프린센그라흐트는 '왕자의 운하'라는 뜻이다. 이 축제 기간에는 다양한 콘셉트의 콘서트가 160여회나 열린다. 암스테르담은 '운하의 도시'라는 별칭답게 운하를 최대한 이용해 도시를 사랑하게 만든다. 도시에 활력을 불어넣는 암스테르담만의 방식이다.

★ <u>**사례2.**</u> 세계 3대 눈 축제는 퀘벡 윈터 카니발(캐나다), 삿포로 눈 축제(일본), 하얼빈(哈爾濱) 빙설제(중국)다. 퀘벡은 폭설과 얼음 등 지역

특색을 십분 활용, 글로벌 축제로 발전시켰다. 삿포로 눈 축제는 매년 2월 5일부터 일주일간 열린다. 1950년 삿포로 중고생들이 오도리공원(大通公園)에 눈 조각 작품을 만든 데서 유래했다.

삿포로 도심을 가로지르는 오도리공원 1.5km 구간에서 열리는 눈 조각 경연대회, 얼음 조각 경연대회 등에는 매년 200만 명이 넘는 관광객이 찾는다. 하얼빈 빙설제는 매년 1~2월 쑹화강(松花江)에서 열린다. 1963년에 시작된 이 빙설제는 7m 두께의 쑹화강 얼음으로 만든 2,000여개의 작품을 전시한다.

★ **사례3.** 오스트리아 서부의 도시 브레겐츠는 야외 오페라 덕분에 먹고 산다. 브레겐츠 호수 위에 만든 대형 무대에 오페라 공연을 올리기 때문이다. 브레겐츠 페스티벌은 1945년 오스트리아 브레겐츠의 보덴제 호수에서 출발한 대규모 야외 오페라 축전이다. 2년 주기로 여름마다 새로운 공연을 선보인다. 이곳에서 오페라를 보기 위해 전 세계에서 몰려든 관람객만 연 25만 명에 이른다고 한다. 티켓 수입 570만 유로(약 85억 원)를 포함한 경제효과가 2,000억 원을 넘는다고 하니 우리가 배울 만한 지역 축제다.

나는 비즈니스로 세계 각국을 여행하면서 느낀 게 참 많다. 지자체 공무원, 지역 주민, 지역 상인이 혼연일체가 돼 축제의 역사와 전통을 계승 발전시킨다. 가까운 일본도, 축제의 본고장 유럽도 그렇다.

우리나라처럼 '지역 축제에는 스토리가 필요하다'며 돈 주고 이

상한 용역을 맡기는 나라는 거의 없다. 그 용역 결과에 따라 말도 안 되는 기획을 하는 나라는 더더욱 없다. 우리의 지역 축제가 왜 별 볼 일 없는지 그 원인을 냉정하게 검토할 때다.

도시브랜드 위상을 높여라

전 세계 선진도시에서 전개되는 치열한 마케팅 활동을 보면 최고지향점을 느끼게 된다. 바로 도시브랜드를 최고로 만드는 전략을 구사하고 있다는 것이다.

국가 간 경쟁이 어느 때보다 치열해지고 있는 21세기. 국가도 도시도 최신의 경영개념을 도입시켜야 한다. 20세기가 국가의 시대라면 21세기는 도시의 시대이다. 인구 1천만 명 이상을 품고 있는 도시는 그 자체가 하나의 국가와 같다. 저성장·저소비 시대의 시장 전략은 20세기 전략과 철저히 다르다. 앞으로 10년, 국가가 아니라 도시 차원의 시장 전략을 세워야 한다. 그래서 나를 추종하는 세력에게만 선의를 베푸는 이기적인 사고와 행위를 과감히 벗어 던질 줄 아는 도시리더가 필요한 세상이다.

전통과 보존,
인사동의 개발방식

인사동의 길은 상당히 한국적이다. 직선형으로 만든 일본이나 중국과 달리 길을 둥그렇게 만들어 멋이 넘친다. 하지만 이곳에는 자동차가 다니기 때문에 쇼핑이나 문화에 심취하기 어렵다. 인사동에도 이젠 변화가 필요하다. 외국인 관광객을 더 끌고 싶다면 말이다.

어느 도시를 가든 자신들의 빛나는 역사를 대변하는 장소가 있다. 우리나라 수도 서울에 인사동이 있다면, 일본의 수도 도쿄에는 '아사쿠사(淺草)'가 있고, 중국의 수도 베이징(北京)에는 '류리창(琉璃廠)'이 있다. 같은 한자(漢子) 문화권인 3개 지역이 비슷할 것으로 보이지만 실제론 많이 다르다. 서울 인사동이 외국인 관광객에게 깊은 인상을 줄 수 있는 장소로 거듭나길 바라면서 각 도시를 비교해 본다.

한자 문화권 3개 지역의 특색

★ 일본 도쿄 아사쿠사는 에도시대(江戸時代)의 정서를 느낄 수 있

는 관광지다. 대표 사찰은 센소사(淺草寺)인데, 정문인 가미나리몬(雷門)과 입구에는 일본 전통 소품과 먹을거리를 판매하는 나카미세(仲見世)인 길거리 쇼핑센터가 있다. 이곳을 처음 찾은 관광객들은 대부분 길거리 쇼핑센터를 보면서 센소사로 들어가 사찰의 이곳저곳을 구경하고, 나오면서 일본 전통의 길거리 음식을 사먹거나 기념품 가게에 들러 선물을 구입한다. 당연히 길거리 쇼핑센터에는 자동차·오토바이 등이 다니지 못한다. 고객이 쇼핑에 집중할 수 있게 하기 위해서다. 그리고 인근 편의점은 중국 관광객들이 인기 화장품과 지역 특산물 등을 싹쓸이 쇼핑하기 때문에 면세 점포로 전환하는 방안을 검토 중이라 한다. 특히 중국인 관광객을 더 많이 유치하기 위한 전략을 전개하고 있는 중이다.

★ 중국 베이징 톈안먼(天安門)에서 2~3㎞ 내에 있는 류리창은 유리기와공장(원나라 시절)에서 이름을 따왔다. 청나라 시절에는 고서적·골동품·탁본한 글자·그림·문방사우 등의 중개판매상들이 이곳에 몰려 있었다고 한다. 류리창은 서울의 인사동과 같이 후퉁(옛날집이 몰려 있는 골목)을 포함하고 있어 옛 모습이 잘 보존돼 있다. 그래서 베이징 시당국은 류리창을 역사·문화 창의산업 집중구역으로 지정했다. 동시에 다소 협소한 감이 있던 면적을 1.53㎢로 넓혀 고대풍의 쇼핑가로 바꿔나갈 계획이라 한다.

베이징 시 당국은 여기에 그치지 않고 이곳을 '역사·문화 창의산업 집중구역'으로 지정했다. 거리를 넓히고 전통문화 상점도 유치했다. 이로 인해 류리창은 300년 전의 향취를 느낄 수 있는 명물 쇼핑가로 탈바꿈하고 있다.

사실 류리창이나 인사동이나 정체불명의 쇼핑 거리로 퇴색할 여지는 언제나 있다. 하지만 옛 골목과 건물이 잘 보존돼 있는 류리창에 비해 인사동은 외적 인프라가 부족하다는 점이 다르다.

그렇다면 우리 인사동은 무엇을 어떻게 준비해야 할까. 먼저 인사동의 길은 상당히 한국적이다. 직선형으로 만든 일본이나 중국과 달리 길을 둥그렇게 만들어 멋이 넘친다. 하지만 이곳에는 자동차가 다니기 때문에 쇼핑이나 문화에 심취하기 어렵다. 국적 불명의 길거리 음식이 넘치고, 선물가게에서 중국산을 파는 것도 기이하다.

이 때문에 **인사동엔 절대 차량이 진입해선 안 된다. 인사동답게 모든 품목은 국산으로 채워야 한다.** 영세 점포를 면세점으로 만드는 것도 고려할 만한 가치가 있다. **상권도 넓혀야 할 때다. 조계사가 있는 지역까지 상권을 확대하고, 일본의 예처럼 상권을 제대로 만들어줘야 한다.** 조계사와 인사동이 공동마케팅을 벌이는 것도 좋은 아이디어다. 국내 최고의 사찰인 조계사와 인사동은 궁합이 잘 맞는 관광상품이 될 수 있어서다.

필수 매장으로 '도장가게'를 내세우는 것도 제안해 보고 싶다. '여행지에서 판 도장을 영원히 간직하면 장수한다'는 속설을 인사동에서 펼치게 하자는 거다. 사실 이 아이디어는 필자의 경험에서 우러나온 것이다. 수년 전 내가 류리창을 들렀을 때 한 지인의 소개를 받고 도장을 팠다.

인사동에 다시 활력 돌리려면

'장수한다'는 속설에 심취해 가족 모두의 도장까지 팠다. 그런데 흥미로운 일이 벌어졌다. 그렇게 많은 도장을 순식간에 파낸 것이다. 이처럼 '나만의 이름'이 새겨진 도장을 외국인 관광객에게 선물해주는 도장가게가 둥지를 튼다면 인사동의 새로운 명물이 될 것이다. 물론 가게 주인이 도장의 유래 등을 말해주는 '스토리텔러'가 돼야겠지만 말이다. 인사동이 외국인 관광객에게 별 인기가 없다는 말이 들린다. 이제부터 무언가를 바꿔야 하지 않을까. 먹거리·볼거리·놀거리를 모두 아우르는 전략을 제대로 세우기를 바란다.

한국 관광산업의
부흥 시나리오

우리나라를 찾는 외국인 관광객이 늘어나고 있다. CNN 방송에 따르면 우리나라 서울이 외국인이 많이 찾은 도시 중 13위에 올랐다니 자축할 만하다. 하지만 외국인 관광객이 우리나라를 왜 찾고 있는지는 따져봐야 한다. 아쉽게도 싸이의 강남스타일이 외국인 관광객을 끌어들이는 강력한 유인책으로 작용하고 있는 듯하다. 한국 관광, 언제까지 싸이에게 의존해야 할까.

얼마 전 미국 CNN 방송이 발표한 외국여행자가 많이 찾은 세계 도시 100곳 중에 우리나라 서울이 13위에 올랐다는 뉴스를 봤다. 실제로 지난해 한국에 방문한 외국인 관광객은 939만 명에 달한다. 외국인 관광객의 양적 팽창이 어느 정도 진행됐다는 이야기다. 그렇다면 서울은 '트렌드의 중심 도시'로 성장했다는 걸까.

나는 그렇지 않다고 생각한다. 그 이유는 CNN 방송이 이미 밝혔다. "서울이 13위에 오른 이유는 가수 싸이의 '강남스타일'의 덕분으로 보인다." 우리나라의 콘텐츠가 아니라 싸이가 외국인 관광객을 불러들인 셈이라는 거다. 그렇다고 우리 정부가 싸이를 활용한 관광 콘텐츠를 내놓은 것도 아니다. '강남스타일' 뮤직비디오에 나오는 곳을 그럴듯하게 상품화하지도 않았다. 그저 '싸이의', '싸이에 의한'이다. 우리는 지금부터 무엇을 해야 할까.

천재일우의 '강남스타일' 콘텐츠를 서울 관광부흥의 기폭제로 사용해야

트렌드를 가장 많이 현장에서 연구하고 있는 트렌드 전문가로서 평소에 생각하는 대한민국과 서울의 관광산업의 부흥 시나리오를 기술해 본다.

1. **여행관련 전문가 집단을 양성해야 한다.**

우리가 잘 알고 있는 캐나다관광청은 시장 확대를 목적으로 여행관련 캐나다 전문인 양성에 주력하고 있다. 그래서 이들은 '오로라 관련 스페셜리스트' 교육과정을 개설하기도 하고, 오프라인으로만 진행됐던 캐나다 스페셜리스트 프로그램을 온라인으로도 학습할 수 있는 '캐나다 탐험가(Canada Explorer)' 사이트를 개설하는 등 온-오프라인 동시에 전문가 집단을 양성 중이다. 우리도 한국과 세계의 역사, 문화, 지형, 지리 및 여행을 동시에 아는 투어스페셜리스트 1만 명 정도를 양성해서 언제든 투입시킬 수 있는 인력풀 양성 시스템을 구축해야 할 것이다.

2. 대한민국 관광을 주도하는 조직의 승격을 통한 변화가 절실하다.

지금의 공사형태로는 도저히 답이 안 보인다. 적어도 조직을 '청' 수준으로 격상시키고, 지금까지의 낙하산 인사를 그만하고, 제대로 된 관광 기획자를 자리에 앉혀야 할 것이다. **사장 공개모집이라는 눈 가리고 아웅 하는 식의 사장 선임방식에서 벗어나 '관광의 업'에 대해 정확히 진단하고 처방할 수 있는 전문가를 선임하는 방식으로 수정해야 할 것이다.** 만년 적자상태인 서울시 산하단체인 '서울관광마케팅'같이 조사만 하는 조직으로는 서울을 트렌드 중심의 도시로 제대로 만들지 못할 것이다. 지금은 책상 위에서 생각만 하는 조직이 아닌 현장에서 '행동' 위주의 조직이 필요한 시점이다.

3. 현재 한국관광공사 내 모든 조직원들은 우리나라 역사공부와 더불어 지금까지 10년 2개월간 138개 나라, 1,162개 도시를 소개한 KBS-1TV의 '걸어서 세계 속으로' 프로그램을 시청한 후에 시험을 보는 등 **다른 선진국 관광실태를 온라인으로 적극적으로 공부**해야 할 것이다. 물론 선진도시 위주로 시청을 하되, 다른 나라 관광 실무자들은 무슨 활동을 하는지, 어떤 관광전략과 전술을 사용하는지 TV를 통해 콘텐츠부터 열심히 숙지했으면 한다.

4. **걷기 쉬운 서울을 만들어야 한다.**

해외여행을 하는데 버스만 타고 돌아다니길 원하는 관광객이 얼마나 되겠는가. 유럽 도시여행의 핵심이 바로 '걷는 것' 아닌가. 좁은 골목을 돌고 돌아 가다보면 중앙광장에 도착하고, 중앙광장에서 많은 시민들과 만나고 동시에 광장에서 열리는 이벤트에 직접 참여하는 그런 열린 공간을 기대하게 된다. 마찬가지로 서울에도 걷기 쉬운 길을 중심으로 개발하고 스트리트쇼핑을 더해 주면 된다. 광장은 시위를 위한 공간이 아닌 시민과 시민, 시민과 관광객이 소통하는 공간으로 변신해야 한다.

5. 세상은 점점 빠른 디지털 세상에 반발하고 있다. 그래서 느린 여행을 원하는 도시인들이 늘고 있다. 그런 점에서 우리나라의 **템플스테이를 최대한 활용하는 방법을 강구해야 한다.** 슬로투어(slow tour)를 추구하는 선진국 관광객들이 늘어나고 있고, 가장 한국적인 관광지로 '사찰'을 꼽을 수 있는데, 이를 한데 묶어 관광상품으로 적극 개발할 필요성이 있다. 템플스테이와 연계한 관광상품 개발은 무궁무진해 보인다.

6. 마이스(MICE) 중심의 관광산업을 **디테일이 강한 관광상품 여러 개로 쪼개서 만드는 다양한 전술들의 합으로 교체해야 할 것이다.** 마이스 산업이 큰돈을 벌어 준다는 사실은 누구나 잘 알지만, 서울이 주관하는 것이 아직 쉽지 않으니 다른 전략을 채택하는 것이다. 예를 들어, 영화 촬영 장소를 빌려주거나, 한국 유명 책을 구입하게 하는 독서체험 투어, 한국 노래를 경영하게 만드는 노래경연 투

어, 각국의 방송국과 연계한 체험관광 - 예를 들어 방청객이 필요한 음악방송의 일정 객석을 해외관광객들에게 할당하여 서울에 온 관광객들에게 아이돌 스타를 만나거나 체험할 수 있도록 해 주고, 해당 국가 방송에도 프로그램을 판매하는 방식 - 등 체험형 관광상품이 필요하다. 우리나라만의 문화를 담은 작지만 강한 여행상품들을 계속 시리즈 형식으로 개발해야 한다.

7. 사회 각 영역별 공통점을 선별하여 문화, 영화, 경제, 연극, 쇼, 스포츠, 게임, 전시 등을 통해 산업별 이벤트를 종합적으로 기획해야 한다. 지금까지 각 분야별로 **따로따로 개별 진행했던 홍보방식을 묶음방식으로 바꿔 진행해야 한다.**

8. 디지털시대를 앞서가는 디지털 관광상품 개발 등 차별적 상품개발이 필요하다. 면세점에서 화장품 쇼핑 등 천편일률적인 쇼핑 관광상품을 지양해야 한다. 일본처럼 온천 후 마사지와 쇼핑을 할 수 있도록 **동선을 길게 만들어 주어야 한다.** 여기에 국내, 국외를 연결하는 국제적 이벤트를 주기적으로 시행해서 외국에서 본 이벤트를 서울에서도 이어서 체험할 수 있도록 연계여행상품을 개발할 필요성이 높아 보인다.

9. 만화를 통해 한국을 알리는 방법이다. 웹툰이 강한 나라에서 만화를 적극 활용하지 않는 것이 이상하지 않은가. 웹툰작가와의 만

남을 비롯해서 웹툰을 자신의 고국에 돌아가서도 앱으로 배우게 하는 교육사업 등 **웹툰 종주국으로 자리매김을 할 수 있는 기회로** 만들고 이를 적극 관광사업에 응용해야 한다.

10. 마지막으로 한국 맛을 알려주는 여러 코스를 미리 만들어 K-푸드 전략을 관광에 접목 시켜야 한다. 하루 반나절 코스 혹은 종일 코스로 나누고 1번부터 7번까지의 여러 한국 음식을 체험하도록 번호를 매긴 음식점 찾기 프로그램을 알려주는 등 색다른 방식을 통해 **재미와 한국 전통음식문화를 동시에 제공하는 상품을 개발하기 바란다.** 맛집을 묶어서 알려주는 것은 이 시대가 필요로 하는 바로 큐레이션 서비스 아니던가!

지금까지 관광산업을 육성하자는 목소리는 많았다. 하지만 정작 실효성 있는 정책은 많지 않아 보인다. 시스템 구축을 위한 투자는 제대로 하지 않은 채 과실만 얻겠다는 발상부터 뿌리 뽑지 않으면 우리나라의 관광은 미래가 없다. 더구나 한국관광공사의 낙하산식 인사정책으로는 절대로 미래가 안 보인다.

해변 천국과
해변 지옥

하와이 와이키키 해변에서는 음식 등을 먹을 수 없다. 이 해변이 청결함과 아름다움으로 각광을 받는 이유다. 미국 LA에 있는 산타모니카 해변에는 특이한 볼거리가 있다. 해변을 따라 줄지어 있는 패션 스트리트다. 이곳에서 관광객들은 쇼핑도 하고, 산책도 하는 특권을 누린다. 이와 비교해 우리나라의 여름 해변은 어떤 모습인가. 고민해 볼 문제다.

아시다시피 대한민국의 여름 해변은 한마디로 난장판, 아수라장 그 자체다. 수년 전부터 전국의 해변은 10~20대들 욕망의 분출구로 변신을 한 셈이다. 늦은 밤부터 다음 날 새벽까지 해변은 그들이 버리고 간 양심의 더러운 흔적들이 휘날린다. 이들이 깔고 앉아 놀았던 돗자리 위에는 소주·맥주·치킨·과자 등 술과 안주가 나뒹군다. 한쪽에는 폭죽놀이의 잔재들이 수북하다. 배달문화가 발달하다 못해 해변까지 배달되지 않는 음식이 없을 정도다. 선진국 해변가 마케팅 사례를 들여다보면서 전국 지자체장께 제안한다. 한반도 금수강산 해변을 지켜 주소서! 그리고 선진국이 해변을 이용해서 어떤 새로운 비즈니스를 창출하고 있는지 벤치마킹 하소서!

★ <u>**사례1.**</u> 하와이가 지상낙원인 이유 = 하와이는 우리나라 신혼부부들의 로망인 신혼여행 핫 플레이스(hot place)다. 사실 미국 본토에 사는 미국인조차 하와이 가는 것이 꿈인 경우가 많다. 그만큼 하와이는 쉽게 갈 수 있는 곳이 아닌 곳이다. 우리가 늘 이야기 하는 '와이키키'해변에는 언제나 서핑을 하거나 일광욕을 즐기는 남녀들로 붐빈다. 해변의 모래도 참 고운 편이고, 해변의 길이도 적당히 길어서 천천히 걸으면서 생각에 잠길 수도 있고, 해가 지는 저녁노을을 바라보면서 걷노라면 철학자가 따로 없다는 생각도 들것이다. 여기에다가 해가 지면 하와이 원주민들이 관광객들을 위한 무료 공연을 해준다. 하와이 원주민들이 횃불을 켜 놓고 하와이 전통 음악을 들려준다. 시원한 바닷바람과 하와이안 뮤직은 오묘한 조화를 주면서, 이곳이 천국이 아닌가 하는 잠시 착각에 빠지기도 한다. 아이들은 엄마의 무릎에 머리를 기대고 잠이 폭 들기도 한다. 그야말로 도적의 도심(盜心)을 훔칠 수 있는 장소이다.

와이키키 해변이 이토록 아름다운 이유는 간단하다. 이 해변에서 취식이나 음주가무가 금지되어 있기 때문이다. 간단한 김밥 혹은 캔으로 된 맥주조차 해변에서 마실 수 없다.

하와이 해변에서는 공공장소인 만큼 타인에게 부담을 주는 행위를 절대 금지한다는 시스템을 보유하고 있다. 또 하나, 와이키키 해변에는 해변을 따라 쇼핑 스트리트가 형성되어 있어서 해변가 산책을 해변으로 할 수 도 있지만, 쇼핑 스토어를 하나씩 보면서 쇼핑 겸 산책도 가능하다. 밤에 이 거리를 산책하다 보면 쇼핑도 하고, 관광객끼리 인사도 나누고, 길거리 퍼포먼스를 하는 사람들을 구경하는 재미가 쏠쏠하다.

★ <u>**사례2.**</u> 프랑스 니스 해변에서 '이방인'의 자유를 누린다. = 프랑스 남부 니스는 영화제와 해변이 유명하다. 휴양지로서 니스라는 도시는 정말 깨끗하다. 니스가 돈 많은 유럽인뿐만 아니라 전 세계 사람들에게 계속 찾고 싶은 도시로 각광받는 이유는 프랑스 남부 지중해의 해안도로와 기찻길, 그리고 자전거 도로로 이어지는 하나의 벨트를 형성하는 중심에 있기 때문이다. 이태리 국경마을인 산레모부터 멀리는 스페인 바르셀로나까지 자전거 여행을 즐기기에 충분한 벨트모양의 띠를 이루는 해안도로의 중심에 있다는 점이다. 2007년부터 시작된 공공자전거 대여 시스템인 '벨리브(Velib)' 시스템의 영향으로 많은 관광객들이 공공자전거를 이용하여 아주 저렴하게 남부 프랑스를 여행할 수 있다는 점이다.

또 하나, 여기 니스에는 유명한 화가들과 만날 수 있는 박물관이 즐비하다. 그래서 과거 유럽 배낭여행의 산지인 파리와 로마 그리고 런던에서 벗어나 지중해 도시인 니스가 대세로 바뀌고 있다. 그리고 여기서 중요한 점은 도시가 정말 깨끗하다는 점, 해변에서는 절대 음식 취식이 안 된다는 점이다.

★ <u>사례3.</u> 인도네시아 발리에서 새로운 프로모션을 배운다. = 쿠타 지역(kuta area)은 발리의 가장 번화한 명소 지역이다. '쿠타'(kuta)는 발리섬의 최남단에 있는 해변휴양지이다. 이곳에 있는 'Discovery Shopping Mall' 바로 뒷편에 위치한 쿠타 해변에 내려가 보니 유명한 자동차 출시 이벤트가 한창이다. 많은 발리 주민들과 외국인들이 새로 출시될 자동차를 구경하기에 여념이 없어 보인다. 야외 해변에서 펼치는 신상품 출시 홍보 이벤트는 상당히 기억에 남는다. 특히 해가 뉘엿뉘엿 지는 해변에서의 세일즈 프로모션은 홍보효과가 최고이리라 본다. 남성과 여성이 모두 좋아하는 자동차를 타 볼 수 있는 기회를 주는 야외 자동차 이벤트로 제격이란 생각이 든다.

앞으로 우리나라 신제품 자동차 출시 이벤트는 해변에서 전개되기를 희망해 본다. 지금까지 새로 출시되는 신차종 출시 이벤트는 거의 대부분 고급 호텔 특설장소에서 진행되었는데, 이곳 쿠타 해변에서 진행되는 신차종 탄생 세일즈프로모션은 상당히 앞선 느낌이 든다. 시원한 해변 바람을 맞으면서 많은 사람들이 쉽게 접근이 가능토록 만든 색다른 신차 전시회였다. 해변도 능히 '비즈니스의 장'이 될 수 있다는 걸 발리가 보여주고 있는 셈이다.

★ <u>사례4.</u> 미국 LA 산타모니카 해변에 있는 패션가인 산타모니카

(Santa Monica) 3번가 = 미국 LA에 있는 산타모니카 해변에는 다른 해변에 없는 것이 있다. 바로 해변을 따라 클럽 모나코(Club Monaco), 디젤(Diesel), 갭(Gap), 게스(Guess) 등 글로벌 패션 브랜드들이 즐비하게 늘어서 있다는 점이다. 해변에서 일광욕을 한참 즐긴 후 허기진 배를 채우기 위해 어슬렁거리며 이 쇼핑스트리트를 나선다. **음식점과 고급 패션 브랜드 그리고 푸드트럭 등 볼거리, 놀거리가 즐비하다. 해가 지는 저녁시간에는 수많은 사람들이 배를 채우기 위해 혹은 명품 브랜드의 신상을 보기 위해 저녁산책을 즐긴다.** 해변이 주는 여유로움에 쇼핑의 즐거움을 덧붙여 주면 능히 새로운 경제가 생성된다는 것을 알려준다.

누더기 '광화문 광장'의
비극

광장은 도시에 사는 시민들에게 어떤 역할과 기능을 해야 할까. 그런 의미에서 서울 광화문 광장은 세계의 광장 중에서 최악의 모습을 갖추고 있다. 관광산업 육성을 위한 도시마케팅이라는 명분으로 광화문 광장은 누더기로 변해버렸다. 지금이라도 제대로 된 광장을 만들어 시민들에게 돌려줘야 한다.

많은 사람이 모일 수 있게 거리에 만들어 놓은 넓은 빈터. 국어사전에 나오는 '광장'의 뜻이다. 우리나라를 대표하는 광장은 어디일까. 수도 서울의 '광화문 광장'을 대표로 들 수 있다. 그런데 '광화문 광장'을 '광장'이라고 부를 수 있을까. 또 '광장'은 도시에 사는 시민들에게 어떤 역할과 기능을 해야 할까. 우선 선진국의 광장은 어떤 모습인지 알아보자.

★ <u>사례1.</u> 세계의 교차로로 불리는 미국 뉴욕의 '차 없는 거리' 타임스 스퀘어 = 1904년 뉴욕타임스(NYT)가 이곳으로 이전하면서 타임

스 스퀘어란 이름이 붙었다. 12월 31일 밤엔 전 세계로부터 달려온 수많은 관광객과 현지인들이 뒤엉켜 새해를 맞이하는 세계적 명소다. 극심한 교통 혼잡으로도 유명했던 이곳이 차 없는 거리가 된 것은 어떤 이유일까. '도심을 위한 녹색 신호등' 프로젝트의 일환으로 2009년 6월부터 주변 도로의 차량 통행을 완전 금지하면서다. 뉴욕 시는 차가 없어진 도로를 광장으로 편입했다. 일부 차도는 자전거 전용도로와 산책로로 바꿨다.

★ **사례2.** 1805년 트래펄가 해전을 승리로 이끈 넬슨제독을 기념해 만든 영국 런던의 '보행자 천국' 트래펄가 스퀘어 = 런던 시는 이곳 명소를 시민들이 더욱 즐길 수 있도록 하기 위해 2001년 '월드 스퀘어스 포 올(World Square For All·모두를 위한 세계 광장)'이란 계획을 발표했다. 이를 위해 광장 북쪽 차도를 통제하고 그 위쪽에 있는 내셔널 갤러리로 바로 이어지도록 널찍한 계단을 만들었다. 장애인을 위해 광장 주변 길의 모든 턱도 없앴다. 광장 한편에는 자전거 주차장을 설치했다. 3년여의 공사 끝에 트래펄가 스퀘어는 내셔널 갤러리, 성마틴 교회 등 주변 관광 명소와 보행로로 연결되는 사통팔달의 광장으로 거듭났다.

★ **사례3.** 중국의 심장으로 불리는 중국 베이징(北京)의 천안문 광장, 사람중심 광장이다. 베이징 시는 2008년 올림픽 개최 전 광장과 주변을 대대적으로 손질했다. 장애인과 노약자가 불편하지 않도록

광장 전체의 요철을 없앴다. 광장으로 통하는 도로의 턱도 사라졌다. 아울러 한 세기 전 베이징의 대표적인 상업지구였던 광장 남쪽의 전통거리 전문대가(前門大街)를 과거 모습으로 복원했다.

★ <u>사례4.</u> 꽃과 낭만으로 물든 벨기에 브뤼셀에 있는 그랑플라스(Grand Place) 광장 = 브뤼셀을 비롯해 유럽에 있는 대부분의 광장은 좁은 골목을 거쳐 가다보면 갑자기 뻥 뚫린 넓은 공간과 만난다. 많은 사람과 꽃, 거리공연 등 음악과 문화를 만나는 곳이다. 자동차는 절대 볼 수 없다. 모든 사람들이 갖고 있는 경계심과 두려움이 없는 공간이다.

서울 광화문은 내가 본 세계의 광장 중에서 최악의 모습을 갖추고 있다. 좁은 직사각형 면적에 분수대와 각종 시설물이 즐비하게 들어서 있어서다. 겨울에는 스노보드 월드컵대회를 위해 아파트 13층 높이의 임시 점프대가 설치되기도 했다. 매월 새로운 이벤트를 기획하다 보니 '공사판 광장'이라고 불린다. 과거 보여주기(Showing)에 집착했던 그 당시 서울시장은 관광산업 육성을 위한 도시마케팅이라는 명분으로 광장을 누더기로 만들어 버렸다. 광화문 광장을 TV드라마 촬영장으로 제공한 것이나 스노보드대회를 개최하는 것도 관광객 유치를 위한 도시마케팅이라는 것이다. 국민의 혈세로 비싸게 지은 지방자치단체의 청사, 멀쩡한 보도블록 교체 등도 도시마케팅이라는 명분을 내세웠다.

　우리네 광화문 광장은 자고 나면 새로운 게 만들어진다. 그야말로 10년 앞을 바라보고 진행되는지 묻고 싶다. 나무 한 그루가 없어 쉴 그늘이 없다는 지적이 나오자마자 괴상한 파라솔이 등장했다. 광장과 차도의 방어벽이 없어 사고의 위험성이 있다고 하자 부랴부랴 경계석을 설치했다.

　그나마 천만 촛불민심을 세계에 보여준 역사적 현장으로 최소한의 역할을 한 것만큼은 칭찬할 만하다.

　결론만 말한다면, 지금이라도 제대로 된 광장을 시민들에게 돌려 줘야 할 것이다.

한강은 천혜의 선물,
흐르는 강물이
곧 도시다

당신은 한 나라의 수도이면서 도심을 가르는 강을 지닌 도시가 어디인지 아시는지. 내가 마켓서베이(market survey)를 했던 세계 주요 50여개 도시 중에서 한 나라의 수도이면서 해당 도시를 가로지르는 강을 지닌 도시가 생각보다 참으로 적음을 알게 된다. 생각해 보니 수도이면서 도심을 가르는 강을 지닌 천혜의 혜택을 받은 도시가 어찌 많겠는가.

내가 다녀온 세계 유명 도시 중에서 이런 두 가지 조건(한나라의 수도이면서 해당 도시를 가로지르는 강을 지닌 도시)을 갖춘 도시는 전 세계에서 **딱 4개밖에 없었다.** 그나마 인구 1,000만 명 이상의 메가시티로는 단 3개뿐이었다. 영국의 런던, 프랑스의 파리 그리고 대한민국의 서울뿐이다.

★ <u>사례1.</u> 파리 센강의 '파리 플라주' = 예전 여름에는 파리 시민이

바캉스를 떠나 시내가 텅 비고 차량 통행도 수월했었다. 하지만 장기간 불황의 여파로 인해 파리 시민들이 바캉스를 떠나지 못하자 파리 시당국은 '파리 플라주'라는 일종의 인공해변을 만들어 주게 된다. 이는 파리 센 강변 주변에 매년 여름휴가 기간에 휴가를 떠나지 못하는 시민을 위해 약 한 달쯤 개장하는 인공 해변으로, 강 주변에 1,000톤이 넘는 모래를 뿌려 모래사장을 조성한다. 이곳에서는 각종 음악회와 전시회 등 다양한 문화행사가 열려 시민과 관광객에게 호평을 받는 곳이 되었다. 매년 '파리 플라주'의 면적이 넓어지는 것을 보면 상당히 성공적으로 강을 이용한 도시경쟁력 강화에 성공한 사례다.

★ <u>사례2.</u> 파리서 '바토무슈' 모르면 간첩 = 바토무슈(Bateaux-Mouches)를 들어본 기억이 있는가. 프랑스 파리를 방문한 관광객이 파리의 야경을 제대로 보기 위해 선택하는 방법이 바로 이것이다. 흔히 유람선 이름으로 알고 있는데 사실 '바토무슈'는 유람선을 운항하는 회사의 이름이다. 파리의 유람선은 파리 방문객이라면 꼭 한 번 거쳐야하는 의례적인 통과코스다. 에펠탑을 비롯해 오르세미술관, 루브르박물관, 시청사, 노트르담 성당 등 편안하게 파리의 주요 건물들을 한 번에 볼 수 있다.

★ <u>사례3.</u> 런던 템스강변의 '런던아이' = 영국 런던에 갔다 온 분들이라면 대부분 템스 강변에 있는 '런던아이'에 시승한 경험이 있을 것

이다. '런던아이'는 1999년 영국항공(British Airways)이 새천년을 기념하여 건축한 세계에서 가장 높은 순수 관람용 건축물인 '관람차'로서 일명 밀레니엄휠(Millennium Wheel)이라고도 불린다. 영국 런던의 대표적인 상징물로 런던 시내의 모습을 다양한 방향에서 관람할 수 있어서 관광객들의 필수 방문장소가 되었다.

이곳에서는 매년 1월 1일을 기념해 새해맞이 불꽃놀이가 성대하게 열린다. 그리고 세계적인 유명 명차의 신제품 세일즈프로모션이 개최되기도 한다. 새로운 자동차를 열망하는 전 세계 카 마니아들을 위해 온라인으로 실시간으로 중계도 해준다. 이를 위해 현장은 무대, 연출, 이벤트 모두 사상 최대 스케일로 준비된다. 자동차와 강변은 묘한 어울림으로 인해 세계 유명 강이나 바닷가에서는 세계 최대의 신차 프로모션이 열린다.

천혜의 자원 '한강'

대한민국의 수도인 서울, 서울을 관통하는 한강은 수십 년 동안 일정한 로드맵 없이 무분별하게 개발돼 왔다. 제5공화국 때는 치수를 위해 강폭을 넓히는데 주력했다. 황량해 보이기도 했던 갯벌과 모래사장은 일정 간격의 콘크리트로 도배됐다. 자연친화적이라기보다는 인공적 간결성으로 인해 생태적 다양성이 사라지게 됐다. 도시디자인에 집중했었던 서울의 전(前) 시장 재임 시절 '한강르네상스'라는 이름으로 진행됐던 사업은 모두 보여주기식 토건사업과 엉뚱한 디자인사업이라는 지적이 많다. 시민의 혈세가 낭비됐다는 얘기다.

가장 최근에 나온 한강 개발계획으로는 홍대~합정~한강으로 이어지는 '관광벨트' 프로젝트가 있다. 서울을 찾는 외국인 관광객이 한해 1,000만 명이 넘지만, 한강을 찾는 관광객은 10%에 불과한 실정을 타파하기 위해서다. 한강에 이동식 수상무대도 띄우고, 쇼핑·공연 그리고 먹거리를 동시에 즐기게 한다는 계획이다. **한강변에 있는 명소라고는 달랑 63빌딩 하나뿐이고, 나머지는 거의 회색일변도인 고층 아파트와 고급빌라로 이어진다. 그것도 한강 양쪽 편 모두 말이다.**

외국 관광객이 한강변 유람선을 타고 서울을 볼 이유가 어디에도 없다. 그렇지만 **여기서 기억해야 할 점은 전 세계 도심에서 강물과 함께 산이 조망되는 곳은 서울이 유일한 도시라는 사실이다.** 전 세계 유일한 천혜의 자원을 갖춘 서울의 한강을 제대로 활용해 도시경쟁력 강화와 서울 시민을 위한 공간으로 두 마리 토끼를 잡을 수 있는 지도자는 언제쯤 나타날까.

버핏처럼 벌어
성룡처럼 써라

비즈니스 투어를 하다 보면 새로운 세상을 만드는 데 일조하는 사례를 종종 본다. 불우한 아이들에게 신발을 기부하는 '톰스슈즈'는 그렇게 탄생했다. 이처럼 세상에 도움을 줄 수 있는 기획력과 창의력이 필요하다. 이를 통해 따뜻한 세상을 더 밝고 화사하게 만들기 위해 노력해야 한다. 도전하라. 그러면 이 모든 것을 이룰 수 있는 슈퍼히어로가 될 것이다.

어렸을 적부터 외국을 돌아다니겠다는 꿈이 있었다. 우리나라 세계여행의 원조 고(故) 김찬삼 교수가 어린이신문에 게재한 세계여행 칼럼을 본 이후 그런 꿈을 갖게 됐다. 1989년 기다리던 해외여행 자유화가 시행됐다. 그때부터 매년 배낭을 메고 비즈니스 여행을 시작했고, 벌써 28년이 훌쩍 흘렀다. 참으로 빠른 세월이다. 나는 주로 우리나라보다 잘 사는 선진도시 위주로 여행을 했다. 그곳에서 조사한 분야는 다양하다.

불황기를 극복하는 유통업태의 경영전략, 다양한 체험마케팅 현장, 이벤트와 연계한 '문화마케팅' 사례, 선진국의 실버시장 대응전략, 프리미엄 마케팅 사례, 예비 부유층을 겨냥한 전술 등 다양한 정보를 입수하기 위해 노력했다.

아울러 중산층과 부유층 모두를 겨냥한 생활지향형 상품개발이 무엇인지도 찾으려 애썼다. 이 모든 시장을 조사하면서 마켓의 행간을 읽으려고 노력했고, 아직도 새 브랜드를 생각한다. 참고로 이런 자료를 토대로 새로운 기획을 수립하기 위해 역(逆)브레인스토밍 방식을 활용하기도 한다. 이는 어떤 상황을 출발점으로 거기에 잠재된 문제를 거꾸로 찾아나가는 기법이다. 혹은 유명한 사람이라 생각하고 그 사람의 시각에서 문제를 해결하는 '나폴레옹 테크닉'이라는 기법도 활용한다.

비즈니스 투어를 하다 보면 새로운 세상을 만드는데 일조하는 사례를 종종 본다. 예를 보자. 아르헨티나로 휴가를 떠났다가 신발을 못 신는 아이들을 보고 새로운 발상을 한 이가 톰스슈즈의 블레이크 마이코스키(B. Mycoskie)다.

아르헨티나에서 생산한 톰스슈즈를 북아메리카로 수출한다. 판매된 신발 수만큼 불우한 아이들에게 신발을 기부한다. 일대일 기부인 셈이다. 이처럼 세상에 도움을 줄 수 있는 기획력과 창의력을 독자들도 키우기를 바란다.

몇 년 전 가장 존경하고, 나의 멘토로 생각했던 아버지가 세상을 떠나셨다. 아버지의 일생을 다시 되새기면서 나는 내 자식에게 무엇을 남겨줄 것인가를 곰곰이 생각하게 됐다. 또 따뜻한 세상을 더 밝고 화사하게 만들기 위해 무엇인가를 했는가도 고민해 본다.

세상은 참으로 좁고, 인생이 짧게만 느껴지는 이유는 삶이 그만큼 짧고 유한하다는 것을 방증한다. 독자들도 남은 인생 동안 좋은 일을 많이 하려는 노력을 거듭하길 바란다.

"인생은 빈손으로 왔다 빈손으로 가는 것이다. 나는 세상을 떠나기 전에 은행 통장을 깨끗이 비울 것이다. 전 재산을 가족이 아니라 사회에 기부하겠다."

중화권 최고의 쿵푸 배우인 성룡이 평생 모은 모든 재산을 내놓겠다는 뜻을 밝혔다. 지금까지 그의 재산은 우리나라 돈으로 4,000억 원 정도라고 한다. 영국의 부자들은 개인 재산의 10%를 기부하자는 의미의 리거시10 운동을 펼치기도 한다.

다른 나라에는 이처럼 평생 고생해서 모은 거금을 전부 기부하겠다고 하는 분들이 많은데, 우리나라는 고위직책을 이용해서 얻은 고급 정보와 인맥으로 수천억 원 자산가로 변신한 고위공무원들이 많으니 도대체 어찌해야 할까.

"도전, 도전, 도전하라."

미국 마이크로소프트(MS) 창업자 빌 게이츠와 워런 버핏, 버크서해서웨이 회장을 주축으로 진행 중인 '더기빙플레지(The Giving Pledge)

재단'은 재산의 절반 기부하기 운동을 펼치고 있다. 이처럼 독자들도 함께 더불어 사는 사회를 만들기 위한 노력을 조금씩 매일 하기를 바란다.

세상은 생각하는 것 이상으로 따뜻하다. 먼저 세상을 향해 문을 열고 행복한 눈으로 바라보자. 그리고 작은 선행과 기부를 행한다면 세상은 밝게 빛날 것이다. 당신도 성룡처럼 말하고 실천할 수 있는 슈퍼히어로이기 때문이다.

마지막으로 내가 즐겨 되새기는 말로 글을 마감한다.

"도전하라. 도전하라. 도전하라."

도시, 인간과 소비의 용광로.

지금과 같은 각자도생 시대에 살아남기 위한 특단의 대책이 필요치 않겠는가!

유통혁명은 크고 거창해서 한꺼번에 모든 것이 바뀌는 것을 의미하지는 않는다. 유통혁명은 작지만 꼭 지켜야 할 수평적 소통형 유통시스템을 구축하는 것부터 시작된다. 이는 큰 도시부터 시작되어 전국적으로 파급된다.

도시는 성공을 향해 달려가는 급행열차와도 같다. 가장 영리하고 야심만만한 사람들이 몰리는 곳이다. 아울러 소비력이 가장 강한 곳이기도 하다. 도시 소비자들을 겨냥한 새로운 제안이 쏟아지는 곳도 도시다. 큰 흐름인 메가트렌드와 눈앞에서 펼쳐지는 마이크로트렌드를 모두 알아야 하는 이유다.

우리나라가 선진국, 선진도시로 발전하려면 반드시 넘어야 할 산이 있다. 선진도시에서 전개되고 있는 양질의 트렌드다. 그런데 지금 우리나라의 모습은 어떤가.

다른 사람에게 보여주기 급급한 졸부근성이나 '나만 아니면 된다'는 복불복 문화, 약자에겐 조금의 양보도 없는 개인주의 등이 만연해 있다. 고칠 것이 많아도 지나치게 많다.

이에 따라 나는 우리나라의 도시와 선진국의 도시를 비교하면서 무엇이 문제인지, 어떻게 살아가야 할지를 고민해 보고자 한다.

유통혁명은 도시의 변화부터 세밀히 관찰하는 것부터 시작된다. 이른바 '시티 트렌드(city trend)'. 제대로 읽기와 새롭게 떠오르는 신경제(新經濟)에 집중해야 한다. 새로운 4차 산업혁명과 신경제를 알아가면서 동시에 알아야 할 '변수' 세 가지를 짚어보자.

첫째는 '**시티**(city·도시)'다.

사람들은 저마다 부푼 꿈을 안고 도시를 향해 움직인다. 세계적인 트렌드 조사기관인 '트렌드 워칭'에 따르면 2050년 전 세계 도시인구는 63억 명에 달한다. 전체 인구의 70% 비중이다. 이런 맥락에서 향후 수십 년 동안엔 부와 인재, 그리고 창의력이 새롭게 성장한 도시에 집중될 것이다. 도시는 또한 성공을 향해 달려가는 급행열차와 같다. 영리하고 야심만만한 사람들이 몰리는 곳이다. 경쟁력이 뛰어난 사람과 조직들이 경합하는 장(場)이 도시라는 의미다. 사람과 기업이 모여 경쟁과 협업을 하는 동안 도시는 변신에 변신을 거듭하게 된다. 한마디로 도시는 인간과 소비의 용광로다.

소비력이 가장 강한 도시소비자가 사는 곳. 도시는 이들을 위한 새로운 제안이 넘쳐나는 곳이기도 하다. 당연히 새로운 경제가 마구 생겨나는 곳이다. 도시소비자를 자사 매장에만 머물게 하기 위한 색다른 제안을 계속 만들어 내야 하는 곳이기 때문이다. 이처럼 개인에게만 적용되는 맞춤형 제안을 만들고 취사선택하게 만드는 마이크로트렌드와 메가트렌드가 충돌을 하는 곳이다. 선진도시를 잘 관찰해야 하는 이유다.

둘째는 **인구통계적 변화**다.

최근 통계청이 발표한 자료를 보면 우리나라 인구구조의 대변혁은 이미 시작되고 있다. 2015년부터 여성인구가 남성보다 많은 '여초(女超)시대'가 열리게 되었고, 2017년부터 고령 사회로 진입하게 된다. 생산가능인구(15~64세)도 2016년 정점을 찍고 감소세로 돌아섰다. 앞으로 1~2년 이내 엄청난 변화가 시장에서 진행될 것이라는 얘기다. 2018년 인구 절벽이 올 것이라는 미래예측서도 있다. '베이비부머의 은퇴가 본격화되면서 다음 세대의 소비 주역이 나타날 때까지 경제는 아찔한 상황에 놓이게 될 것'이라는 게 주요 내용이다. 이처럼 저출산·고령화는 경제 전반에 악영향을 미치게 될 것이고, 노후 준비가 덜 된 노년층은 지갑을 닫아 내수시장이 쪼그라들 것이다. 여기에서 새로운 경제가 탄생한다.

마지막은 엄청나게 빠르게 변하는 **디지털 트렌드**다.

디지털 발전 속도가 워낙 빠르다 보니 새로운 기술을 배우고 익히다 보면 벌써 다른 새로운 개념이 우리 앞에 와 있다. 융·복합 시대가 되면서 인공지능(AI), 사물인터넷, 3D 프린터, 웨어러블 기기, 근거리무선통신(NFC), 크라우드 소싱, 모바일뱅킹 등 새로운 디지털 기술이 매일같이 쏟아져 나온다. 사람들은 앞으로 닥칠 4차 산업혁명의 변화에 대해 상당히 궁금해 하고 있다.

지난해, 우리나라 최고의 바둑 명인인 이세돌 9단과 한판을 벌인 인공지능 '알파고'의 활약을 보지 않았던가. 열심히 공부해야 사업에 응용할 수 있는 세상이다. 새로운 업태는 계속 발전하고 있고, 새로운 방식으로 구매를 하는 디지털 컨슈머도 끊임없이 나타나고 있다. 21세기 마켓 주도권을 잡기 위해서는 이들에 맞춘 새로운 제안과 새로운 마켓을 만들어 가야 한다. 그야말로 유통혁명은 거스를 수 없는 메가트렌드인 셈이다.

다시 정리하면 선진도시에서 전개되는 트렌드의 변화를 잘 관찰해야 한다. 국내의 인구통계적 변화가 몰고 올 변화를 미리 예측하고, 큰 세상의 흐름인 메가트렌드도 알아야 한다. 눈앞에 벌어지는 트렌드의 변화인 마이크로 트렌드도 간과해선 안 된다. '트렌드가 무엇이냐'보다 '타이밍'이 더 중요하다.

그래! 대한민국 유통혁명의 솔루션은 세계 핫시티(hot city)에 있다.

자! 이제 우리나라 이야기를 해보자. 글로벌 불황이 엄습한 내수시장은 어둡고 음침하다. 더군다나 국정농단 사태까지 벌어져 서민경제가 전혀 보이지 않고 있다.

여기에 체급을 가리지 않은 경쟁이 치열하게 전개된다. 대형 유통 채널과 전통시장, 편의점과 동네 슈퍼마켓, 초현대식 쇼핑 스트리트와 지하철 상가가 경쟁하는 식이다. 당연히 힘과 자본을 가진 대형 유통채널, 편의점, 초현대식 쇼핑 스트리트가 우위를 점하고 있고, 그 때문에 전통시장, 동네 슈퍼마켓, 지하철 상가는 명맥을 유지하는 것조차 어려워졌다.

하지만 힘과 자본을 가진 것들만 도시에 있어선 곤란하다. 그건 균형감 있는 성장이 아니다. 전통시장, 동네 슈퍼마켓 등도 작지만 알찬 경쟁력을 뽐내야 도시 생태계가 진화하고 균형이 잡힌다. 그렇다면 우리는 무엇을 해야 할까.

내가 줄곧 주장하는 유통혁명의 솔루션은 세계 선진도시에서 답을 찾아야만 한다.

벤치마킹 후 현지화 노력해야

예를 들어 '죽음의 바다'로 불리는 지하철 상권도 해외에서 '생존 DNA'를 얻을 수 있다. 일본의 우에노(上野)역과 도쿄역은 좋은 예다. 우에노 역사(驛舍)의 환승 계단을 올라가다 보면 그 옆으로 쇼핑몰이 펼쳐진다. 일본 사람들은 이를 '에키나카(역내)'라고 부르는데, 단순히 역사 안에 있는 매점이 아니다. 개찰구 안이나 환승 공간에까지 들어선 점포를 뜻하는 신조어다. 적자에 허덕이던 일본의 철도회사들이 고안해낸 생존 전략이다. 규제를 깨고 문턱을 낮춰 새로운 상권을 만든 거다. 도쿄역 지하에는 '캐릭터 스트리트'를 형성해서 연 간 수백만 명의 관광객을 불러 모으고 있다.

물론 다른 나라의 사례가 꼭 좋은 것만은 아니다. 우리나라에 맞게 현지화하지 못하면 말짱 도루묵이다. 타이밍도 중요하다. 새로운 아이디어를 빨리 적용하는 것만이 능사는 아니라는 거다. 그럼에도 **세상의 흐름을 남보다 빨리 읽는 건 무척이나 중요하다. 불황 중에도, 트렌드가 급변하는 와중에도 버텨내는 시장이 있다면 그 원동력이 바로 대한민국 유통혁명의 방법론이라 할 수 있다.** 그곳이 지역민뿐만 아니라 관광객까지 몰려드는 '핫시티'라면 더욱 그래야 한다. 우리가 세계 도시에서 살길을 찾아야 하는 이유다.

이 책을 마무리하면서 이 책이 나오는데 지대한 공헌을 해 준 분들을 일일이 열거하는 것이 어렵겠지만, 몇 분에게는 꼭 인사를 드리고자 한다.

우선 가장 가까운 곳에서 내가 보고 배운 마켓리서치 내용과 도시 트렌드 내용을 깔끔하게, 내용의 핵심을 놓치지 않고 칼럼을 마무리해 주신 대한민국 대표 경제주간지 '더스쿠프'의 이윤찬 팀장께 최고의 찬사를 보내고 싶다. 중앙일보 이코노미스트 시절부터 지금까지 변함없이 정진하는 그의 노고 덕분에 내 콘텐츠가 정리정돈 되었다. 이윤찬 팀장 이외에도 '더스쿠프'의 이남석 대표님을 비롯해서 여러 기자들과 디자인 업무를 맡고 계신 권태오 실장께도 감사를 드리고 싶다.

그리고 이 책을 저술함에 있어 양질의 콘텐츠가 나오도록 마켓서

베이를 도와준 미국 LA에 거주하는 처조카인 우소영(Tina Woo), 우영민(Paul Woo)과 우광진 형님에게 특별한 감사를 보내드린다.

그리고 내가 28년 동안 세계여행을 나설 수 있도록 환경을 마련해 주신 분을 소개해 드리고 싶다. 몇 년 전에 돌아가신 내 인생의 멘토이셨던 아버님 김광조님과 이 책이 출간될 즈음에 돌아가신 어머님 김명주님께 이 책의 모든 영광을 돌리고 싶다. 사실 아버님, 어머님으로부터 물려받은 것이 너무 많다. 생전에 말씀이 아닌 행동으로 모든 것을 가르쳐 주신 분들이다. 세상을 남과 함께 살아가도록 세상 보는 눈과 더불어 살아가는 법을 가르쳐 주신 분들이다.

나 또한 멋진 아버님, 어머님의 자식으로서, 내 자식들에게 제대로 가르치려고 노력 중이다. 오늘도 열심히 공부와 자신의 삶을 개척 중인 큰딸 유진과 도전을 게을리 않는 아들 준상에게 존경받는 아빠가 되기 위해 지금까지 노력했고, 앞으로도 더욱 멋진 인생을 만들어 갈 것이다. 마지막으로 내 인생의 반려자인 아내에게 사랑한다고 전해 주고 싶다.

김영호 유통아카데미
ONLY ONE 주요 특강안내

❖ **글로벌 마켓트렌드**(2~4시간, 맞춤형)

최신의 세계 유명 도시의 트렌드 변화를 통한 의식주 산업의 변이를 미리 알게 되면 돈의 흐름을 알게 됩니다. 본 세미나(특강)는 세계 마켓의 변하는 트렌드를 알아보고, 그곳에서 진행되는 여러 가지 시장의 기회들을 알 수 있는 시간입니다. 선진국 돈 되는 트렌드를 알고자 하는 분에게 많은 도움이 됩니다.

- 유통9단 김영호의 '유통트렌드 빙산론'
- 유통과 트렌드의 Key Word
- 의류(패션) 분야의 새로운 마켓트렌드와 시장의 기회
- 식품 분야의 새로운 마켓트렌드와 시장의 기회
- 주거생활(라이프 스타일) 분야의 새로운 머니트렌드와 시장의 기회

❖ '공유경제를 통한 새로운 창업시장을 보라' (4~10시간)

과거 정보에 대한 접근, 제품에 대한 소비는 귀족, 고소득층만의 특권이었습니다. 그러나 공유 경제의 발달로 이 특권이 사라지고 있습니다. 공유 경제가 부의 불평등을 해결할 수 있다는 의견이 대부분입니다. 과거엔 돈이 없어서 물건을 소유하지 못하면 그 물건을 이용할 수 없었습니다. 이것은 부의 불평등, 소득의 불평등을 심화시켰죠. 하지만 최근에는 돈이 없더라도 그보다 더 적은 비용으로 그 서비스를 이용할 수 있습니다. 이것은 과거의 '소유(ownership) 경제 모델'이 '소비(consume) 경제 모델'로 바뀐다는 것을 말합니다. 제품의 소유의 개념이 아닌 여러 사람이 함께 차용해서 사용하는 경제활동인 '공유경제'는 21세기의 새로운 개념의 경제입니다. 대량생산과 대량소비가 특징인 자본주의 경제를 보완할 수 있는 공유소비의 의미를 담고 있으며, 계속되는 경기침체와 환경오염에 대한 대안으로 채택되고 있는 중입니다.

1장, 공유경제의 개요

2장, 공유경제의 다양한 사례를 통해 새로운 창업을 배우다 (1)

3장, 공유경제의 다양한 사례를 통해 새로운 창업을 배우다 (2)

4장, 공짜경제와 O2O 서비스

5장, 렌털 서비스와 슬로라이프 그리고 협동조합

❖ **유통9단 김영호의 트렌드 창업교실**(비즈니스 멘토 김영호와 함께 하는 트렌드 창업)

선진도시의 트렌드를 알면 돈이 보입니다!

21세기형 창업형태는 분명히 20세기형과 질적, 양적으로 다릅니다!

선진도시에서 21세기형 장사 테마를 발견했습니다!

왜 21세기에는 트렌드 창업교육이 필요한가?

하지만 어떤 창업을 하느냐에 따라 승패가 갈립니다.

20여 년간 선진도시를 시장조사하면서 깨달은 진리가 하나 있습니다.

"트렌드를 모르고 창업을 했다가는 바로 망한다"

0. 매주 수요일(오후 1~5시); 총 4시간

0. 교재 및 특전: 참가자 전원에게 저자 서적 1권 증정(세계의 도시에서 장사를 배우다) + '김앤커머스'가 기획, 제작한 '타이거창업노트'를 무상증정 합니다.

❖ **부자**(프리미엄)**고객의 이해와 응대전략**(2시간~3시간)

인구 고령화에 1인가구가 늘어나는데 소비는 계속 제자리입니다. 아니 뒷걸음치고 있는 중이죠. 전 세계 금융대란의 여파는 아직도

유효한 듯싶습니다. 이로 인해 국내 소비는 거의 빙하기에 들어간 느
낌입니다. 이런 장기적인 소비위축을 타파할 수 있는 유일한 길은 단
언컨대 부자 고객의 지갑을 열어야 할 것입니다.

그렇다면 여러분들이 생각하는 부자는 어떤 사람들일까요?

부자들은 어떻게 해서 부를 창출했고, 어떻게 대(代)를 이어 나갈
까요?

부자들은 어떤 쇼핑을 주로 할까요?

부자들을 고정고객으로 만들기 위해선 여러분은 어떤 준비를 해
야 할까요?

당신만의 VIP 고객 창출과 유지관리법을 설명해 드리고자 합니다.

1. 부자(프리미엄) 고객의 이해
2. 부자(프리미엄) 고객 응대전략

❖ **일류 점포경영을 위한 사례연구 – 애플스토어**

일류점포를 경영하려면 어떻게 해야 할까요?

애플스토어의 서비스를 경험해보지 못한 이들에게 평범한 거래를
짜릿한 감탄의 순간으로 바꿔놓을 줄 아는 애플 직원들과 애플 서비
스는 기존 서비스와 무엇이 다를까요? 진짜 애플스토어가 어떤 곳인

지, 애플의 서비스가 어떤 식으로 이루어지는지, 왜 해외여행을 간 사람들이 애플스토어를 찾게 되는지에 대한 해답을 정리했습니다.

1. 애플스토어 벤치마킹
2. 애플스토어 판매직원의 고객접대 5단계
3. 애플스토어의 놀라운 성공과 그 뒤에 숨은 비밀
4. 애플의 서비스 5단계
5. 고객의 습관을 바꾸는 힘은 어디에서 나오는가?

❖ 신청

- 전화 및 이메일 접수

 031-969-8532 / tigerhi@naver.com

- 김영호 유통아카데미 http://cafe.naver.com/tigerkim

- 김앤커머스 www.kimncommerce.com